Marieluise Denecke

SCHAURIG-SCHÖNES DEUTSCHLAND

AUF DEN SPUREN VON SAGEN, MYTHEN UND VERBRECHEN

BRUCKMANN

INHALTSVERZEICHNIS

MYSTISCHER WALD

GEHEIMNISVOLLE STADT

Nachts streift der Nachtgiger durch Nürnberg (links oben). Giftig und wunderschön: Fliegenpilze (links unten). Wasser und Wald: magische Morgenstimmung an der Spree (oben)

UNERGRÜNDLICHES WASSER

SAGENHAFTE BERGE

Nebelschwaden umwabern die Zugspitze, Deutschlands höchsten Gipfel (links). St. Pauli lockt mit finsteren Geschichten (oben).

0 50 km
N
NORDSEE
NORDFRIESISCHE INSELN
65
SYLT
73
62
Husum
63
Sankt Peter-Ording
HELGOLAND 64
Flensburg
Meldorf
Cuxhaven
OSTFRIESISCHE INSELN
Harlesiel
72
41
67
Aurich
Wilhelms-haven
Bremer-haven
ELBE
Stade
Emden 69
Leer
WESER
42
Oldenburg
34 35
Bremen
NIEDER-
LANDE
NIEDERSACHSEN
ALLER
EMS
Meppen
68
20
STEINHUDER MEER
16
Osnabrück
Rheine
76
Ahaus
93
94
46
12
Münster 53
Bielefeld
RHEIN
59
19
18
NORDRHEIN-
97
Xanten
Dortmund
Paderborn
Essen
43
Mülheim
Bochum
MÖHNESEE
Düsseldorf
Wuppertal
Kassel
50

SCHWEDEN
MARK
OSTSEE
RÜGEN
71
7
Sassnitz
3
Binz
ELER BUCHT
FEHMARN
Stralsund
USEDOM
2
LÜBECKER BUCHT
70
Rostock
Greifswald
45
Wismar
MECKLENBURG-
Lübeck
4
Neu-brandenburg
32 33 36 44
VORPOMMERN
Schwerin
AMBURG
Geesthacht
MÜRITZ
ODER
Lüneburg
Schwedt
POLEN
Neuruppin
Nauen
37
BERLIN
Stendal
74
40
Wolfsburg
SACHSEN-
38
47
Braun-schweig
Magdeburg
9
Potsdam
Frankfurt a. d. Oder
BRANDENBURG
Lucken-walde
14
92
10
15
1
Quedlinburg
Wittenberg
SPREE
Dessau
22
Cottbus
en
ANHALT
SAALE
83
Halle
Nordhausen
11
Leipzig
78
Riesa

Essen
Mülheim
43
MÖHNESEE
Bochum
Düsseldorf
Wuppertal
Kassel
75
WESTFALEN
51
Leverkusen
FULDA
KÖLN
BELGIEN
Siegen
Aachen
52
5
Bad
Hersfeld
Bonn
105
HESSEN
95
Fulda
Gießen
Koblenz
111
101
102
FRANKFURT
a. Main
Prüm
Sankt
Goarshausen
81
Bitburg
Wiesbaden
Hanau
MOSEL
Mainz
49
RHEINLAND-
LUXEM-
BURG
Trier
61
Darmstadt
MAIN
PFALZ
82
58
SAAR-
LAND
Worms
Kaisers-
lautern
99
SAAR
Ludwigs-
hafen
Mannheim
21
Heidelberg
Saarbrücken
25
26
Speyer
54
104
RHEIN
Heilbronn
Karlsruhe
107
BADEN-
80
23
110
NECKAR
Reutlingen
106
WÜRTTEMBERG
86
DONAU
Triberg
Freiburg
87
Titisee
FRANKREICH
29
Todtnau
Lörrach
Konstanz
BODENSEE
SCHWEIZ

Halle
Leipzig
Nordhausen
11
83
78
Riesa
Görlitz
Dresden
ELBE
Erfurt
57
77
Weimar
Jena
Gera
103
SACHSEN
112
Gotha
30
THÜRINGEN
Chemnitz
Plauen
Hof
Coburg
24
Haßfurt
Bamberg
109
Neustadt a. d. Waldnaab
TSCHECHIEN
39
Nürnberg
84
Regens-burg
31
Zwiesel
Dinkels-bühl
85
Deggendorf
Weltenburg
108
48
Ingolstadt
Landau a. d. Isar
DONAU
LECH
BAYERN
ISAR
Passau
Augsburg
INN
Ulm
55
56
MÜNCHEN
28
AMMERSEE
90
Rosenheim
CHIEMSEE
17
Kaufbeuren
STARNBERGER SEE
60
114
TEGERNSEE
Kempten
Berchtes-gaden
91
89
88
113
WALCHENSEE
115
Garmisch-Partenkirchen
INN
ÖSTERREICH

Magische Stimmung am Ufer der Spree in Brandenburg.

»Deutschland ist voll rätselhafter Sagen und wundersamer Legenden.«

Marieluise Denecke

Lust auf eine schaurig-schöne Entdeckungsreise

Welche ist Ihre liebste Sage? Die der schönen Loreley, die mit ihrem Gesang Schiffer um den Verstand bringt? Die der wundersamen Hinrichtung des Piraten Klaus Störtebeker, der auch ohne Kopf noch viele Schritte ging, um seine Männer zu retten? Bekommen Sie Gänsehaut, wenn Sie vom Rattenfänger von Hameln hören, der aus Rache Dutzende Kinder entführte? Denken Sie beim Blick auf das tolle Panorama der Berchtesgadener Alpen an den grausamen König Watzmann, der bis heute versteinert über allem thront? Mit diesen und vielen anderen Erzählungen ist jeder von uns aufgewachsen. Sie haben uns das Fürchten gelehrt und zum Träumen angeregt, sie haben uns Vorbilder gegeben ebenso wie abschreckende Beispiele.

Deutschland ist voll rätselhafter Sagen und wundersamer Legenden. Sie alle haben uns geprägt. Wiege weltweit beliebter Märchen ist unser Land sowieso: Die Gebrüder Grimm stammen aus der hessischen Stadt Hanau und haben unter anderem in Marburg, Kassel und Göttingen gelebt. Aschen-

puttel, Frau Holle, die Bremer Stadtmusikanten – es ist schwer, sich für einen Liebling in der Märchenwelt zu entscheiden. Jetzt ist es an der Zeit, an die Orte dieser Mythen zu reisen. Dieses Buch nimmt Sie mit auf eine schaurig-schöne Entdeckungsreise durch ganz Deutschland, an 115 Orte in Wäldern, Städten, am und im Wasser sowie auf Anhöhen und Berggipfeln. In kurzen, unterhaltsamen Texten erfahren Sie Bekanntes und Überraschendes über verfluchte Burgen, verlassene Häuser, versunkene Städte, schaurige Verbrechen und faszinierende Kultstätten.

Ob Sie nun Lost Places Entdecker, Geschichtsfan, Kulturfreund, Wanderer oder Familienurlauber sind: Dieser Reiseführer richtet sich an jeden, der Spaß daran hat, die schaurig-schönen Seiten unseres Landes zu entdecken. Dabei helfen viele praktische Tipps zu Anfahrt, Sehenswürdigkeiten und Aktivitäten in der Nähe sowie kurze Beschreibungen von lohnenswerten Restaurants und Unterkünften.
Dieses Buch zeigt Ihnen Deutschland so, wie Sie es noch nie gesehen haben.
Viel Spaß beim Gruseln wünscht
Marieluise Denecke

Sternenhimmel über der Spree: Bei Nacht wird der Wald zum unheimlichen Ort.

MYSTISCHER WALD

Ursprung von Legenden und Geheimnissen

Die Märchen von Hänsel und Gretel, vom Rotkäppchen und dem Wolf, von Schneewittchen: Der Wald ist eng verknüpft mit Deutschlands beliebtesten Sagen. Er ist der Ort, der Geheimnisse birgt und oft auch Schrecken – wobei er so viel Schönes zu bieten hat.

Zu keiner Landschaft haben wir Deutschen ein so enges Verhältnis wie zum Wald. Rund ein Drittel des Landes, über elf Millionen Hektar, ist dicht von Bäumen bedeckt. Kein Wunder also, dass der Wald Ursprung ist von zahlreichen schaurigen wie schönen Erzählungen.

Unsere Wälder und Felder stecken voller wundervoller Geheimnisse – da gibt es Zwerge, die unter Felsen Goldschätze versteckt halten, und an einem anderen Ort soll Attila, der berühmte Hunnenkönig, in einem goldenen Sarg seine letzte Ruhe gefunden haben. Vor Tausenden von Jahren nutzten die Menschen schon die Landschaft, um riesige astronomische Kalender zu erschaffen, auch über Landesgrenzen hinweg. Raubgräber entdeckten bedeutende Schätze und Irrlichter versuchen noch heute, Menschen in die Sümpfe zu locken.

Der Wald ist unser Sehnsuchtsort, der uns in seinen Bann zieht – und auf lange Zeit auch nicht mehr loslässt, wenn wir nicht aufpassen.

DIE TOP 5 MYTHOS-SPOTS IM WALD

Moor von Windeby, Schleswig-Holstein – Hier wurden Deutschlands wohl berühmteste Moorleichen entdeckt (www.museum-fuer-archaeologie.de/de/eisenzeit).

Die Varusschlacht, Niedersachsen – Eine legendäre Schlacht, um die sich bis heute die Forscher streiten (www.kalkriese-varusschlacht.de).

Der Spreewald, Brandenburg – Einzigartige Landschaft, angeblich vom Teufel erschaffen (www.spreewald.de).

Himmelsscheibe von Nebra, Sachsen-Anhalt – Ein spektakulärer Fund und eine abenteuerliche Geschichte (www.himmelsscheibe-erleben.de).

Hotel Waldlust, Baden-Württemberg – In diesem ehemaligen Luxushotel spukt's (www.waldlust-denkmal.de).

Kanutour im Morgenlicht auf der Spree

1 DER SPREEWALD

Vom Teufel erschaffen

Kilometerlange Kanäle, dunkelgrüne Gewässer, ausgedehnte Sümpfe, dichtes Grün: Wer schon einmal im Spreewald im südöstlichen Brandenburg Urlaub gemacht hat, weiß, dass man nicht viel Fantasie braucht, um in dieser einmaligen Landschaft Sagen und Mythen zu vermuten. Entscheidend geprägt wurde sie durch die Sorben, eine deutsche Minderheit, die mit ihrer Kultur unser Land bis heute bereichert.

So ist es auch im Spreewald. Einer sorbischen Sage nach entstand das Naturparadies durch den Teufel höchstpersönlich. Er spannte seine zwei schwarzen Höllenochsen vor den Pflug und trieb sie mit knallenden Peitschenhieben voran. Die Ochsen jedoch weigerten sich, mit dem Pflug gerade Furchen zu ziehen, sondern liefen störrisch im Zickzack. Der Teufel verlor schnell die Geduld mit den Tieren und fuhr brüllend hinab in die Hölle. Die Ochsen waren jedoch immer noch vor den Pflug gespannt, rannten kopflos kreuz und quer über das Land und hinterließen dabei Hunderte von tiefen Furchen. Irgendwann verschwand auch das Ochsengespann. Die Furchen aber blieben zurück, füllten sich nach und nach mit Wasser – und so entstand das gut 300 Kilometer lange Kanalnetz des Spreewalds.

Wer aufmerksam durch die Siedlungen im Spreewald spaziert, entdeckt viele Hinweise auf eine sehr viel heiterere Sage: die des Glücksdrachen Plon. Wenn man Glück hat, lebt der kleine Drache auf dem Dachboden des eigenen Hauses. Er muss regelmäßig mit Hirsebrei, Milch oder Quark gefüttert werden, dann zeigt er sich vielleicht erkenntlich, bleibt im Haus und beschert den Bewohnern Reichtum. Auf den hölzernen Giebeln mancher Häuser oder Scheunen sieht man daher stilisierte Drachenköpfe, oder der kleine Drache blickt einem als Steinfigur aus den Gärten entgegen. Auch heute hört man teilweise noch die Redewendung »Der hat wohl den Plon«, wenn jemand zu viel Geld gekommen ist.

Muss man probiert haben: Spreewald-Gurken

»DIE SORBEN HALTEN VIELE BRÄUCHE AM LEBEN; IM BESONDEREN FEIERT MAN OSTERN, UND MIT FASTNACHTSRITEN WIRD DER WINTER VERTRIEBEN.«

TIPPS & INFOS

AKTIV: Wer im Spreewald keine Kanutour macht, hat wirklich etwas verpasst: Der Landstrich lässt sich am besten vom Wasser aus erkunden. Anbieter gibt es viele, ob für Touren für ein paar Stunden oder mehrere Tage, per Boot oder mit dem SUP (Infos z. B. unter www.spreewald-info.de). An Mückenschutz denken!

UNTERKUNFT: Wohl kaum eine Region ist so verbunden mit einem Lebensmittel wie der Spreewald mit der eingelegten Gurke. Der Campingplatz Spreewald-Camping huldigt diesem Umstand mit umgebauten Gurkenfässern: Ganz puristisch kann man in den runden Holzfässern nächtigen – und am nächsten Morgen weiterpaddeln (www.spreewald-camping-luebben.de).

INFO: www.spreewald.de

Bizarr geformte Bäume verbreiten im Nienhäger Wald direkt an der Ostsee eine ganz besondere Stimmung.

2 NIENHÄGER WALD

Gespenstische Gewächse

Das Wasser der Ostsee rollt rauschend an die Küste, Nebel zieht auf, Bäume knarzen im Wind – war da ein Schatten zwischen den Stämmen? Oder war es doch nur Einbildung? Der Gespensterwald am beschaulichen Ostseebad Nienhagen nahe Rostock kann Besuchern echte Gänsehaut den Rücken hinunterjagen. Dabei ist das rund 180 Hektar große Nienhäger Holz kein Schauplatz von grausigen Morden oder mystischen Schauergeschichten, sondern regt durch seine einzigartige Atmosphäre die Fantasie der Menschen an. Besonders bei Nebel ist das Gebiet sehenswert – aber nichts für schwache Nerven.

Der Mischwald grenzt direkt an die Ostsee und besticht durch bizarr geformte, schlanke Baumstämme. Zusammen ergeben die hohen, verwachsenen Buchen, Eschen und Eichen ein Ensemble, das zu jeder Tageszeit eine ganz besondere Stimmung verbreitet. Die Bäume wachsen teilweise über die Steilküste hinaus.

Der stete Wind und die Meeresluft mit ihrem hohen Salzgehalt formten den Gespensterwald von Nienhagen, der besonders für (Hobby-)Fotografen ein lohnenswertes Ziel ist. Doch auch Naturfans, Wanderer und Radfahrer kommen hier auf ihre Kosten: Der Ostseeküsten-Wanderweg E9 führt direkt in das Gebiet; er verbindet auf 400 Kilometern Travemünde und Swinemünde miteinander. Wer einfach ein bisschen schlendern möchte, kann der bewaldeten Küstenlinie in beiden Richtungen folgen.

TIPPS & INFOS

ANREISE: Das beschauliche Ostseebad Nienhagen hat keinen eigenen Bahnhof, am besten nutzt man die Bahnhöfe in Bad Doberahn oder Rostock. Mit dem Auto aus Richtung Berlin kommt man über die A 24 / A 19 / A 20, nimmt die Abfahrt Bad Doberan und fährt Richtung Warnemünde bis Ostseebad Nienhagen. Aus Richtung Hamburg über die A 20, Abfahrt Bad Doberan

SPEZIALITÄT: In der Fischräucherei Ostseebad Nienhagen, Doberaner Str. 21 am Ortsrand, wird das alte Räucherhandwerk noch aufrechterhalten. Ganz traditionell räuchert man die vielfältigen Fischsorten hier über offenem Holzfeuer (www.fischausdemrauch.de).

INFO: www.ostseebad-nienhagen.de

Wo Hexen ihr Unwesen treiben: im Waldpark Semper

3 WALDPARK SEMPER

Der Hexenwald auf Rügen

Ob sonnige Kurbäder oder Buchenwälder mit Kreideküste: Rügen hat als größte Insel Deutschlands viel zu bieten. Einzigartige Stimmung verbreitet der Waldpark Semper bei Lietzow, der sich auf rund 40 Hektar an den Jasmunder Bodden schmiegt.

Entstanden ist der Park, als das Gutshaus Semper um das Jahr 1920 erbaut wurde. Zwischen 1963 und 1990 diente er als militärische Ausbildungsstätte. Die sorgfältig angelegten Strukturen des Landschaftsparks verfielen und wurden von Wald und Unterholz überwuchert. Anlässlich der Internationalen Gartenschau in Rostock 2003 wurden Teile des Parks – Alleen, Seen, Wege sowie die Zugänge zum Strand – jedoch liebevoll wiederhergestellt. Ein großes Glück für jeden, der Gebiete mit besonderer Atmosphäre schätzt!

Das weit verzweigte Wegesystem führt Besucher durch den Park, der besonders sehenswert im Mai ist, wenn die Rhododendron-Büsche blühen. Mystische Stimmung erzeugen die sogenannten Süntelbuchen, die im Park wachsen. Diese Buchenart hat durch Mutation besondere Wuchsformen entwickelt: Wie Schlangen wachsen sie am Boden entlang und recken sich in die Luft. Deshalb werden sie auch als »Hexenbuchen« bezeichnet.

Der Park grenzt an den naturbelassenen Strand und eignet sich so perfekt für Spaziergänge, Vogelbeobachtungen oder eine Abkühlung im Wasser. Ein Rundweg führt von Lietzow durch den Waldpark Semper und zurück in den Ort.

TIPPS & INFOS

ANREISE: Lietzow verfügt über einen eigenen Bahnhof; der Park liegt ca. 1 km entfernt. Per Auto: Von Bergen kommend der B96 in Richtung Sassnitz folgen. Ca. 150 m hinter dem Ortsausgangsschild Lietzow liegt die Ausfahrt zum Waldpark auf der rechten Straßenseite. Zwei große Parkplätze gibt es auch am Ortseingang.

EINKEHR: Das »Strandgut Lietzow« liegt mitten im Ort und garantiert direkten Zugang zum Strand sowie Blick auf den Bodden – und das dank großer Fensterfronten auch bei schlechtem Wetter! Ab 12 Uhr ist das Café in Betrieb, ab 16 Uhr gibt es moderne deutsche Küche (www.strandgut-lietzow.de).

INFO: www.auf-nach-mv.de/reiseziele/a-waldpark-semper

4 BOITINER STEINTANZ

Deutschlands Stonehenge

Im Landkreis Rostock steht mitten in einem recht unscheinbaren Wald bei Boitin das deutsche Stonehenge: der Boitiner Steintanz, eine prähistorische Begräbnis- und Kultstätte, deren eigentümliche Atmosphäre keinen Besucher unberührt lässt.

Die Anlage besteht aus drei direkt aneinandergrenzenden Steinkreisen. Der interessanteste Stein ist die sogenannte Brautlade im größten Kreis, der mit 13 quadratischen Löchern markiert ist. Etwa 200 Meter weiter befindet sich ein vierter, kleinerer Steinkreis. Insgesamt ragen auf den Waldlichtungen etwa 30 fast mannshohe Steinstelen aus dem Boden.

Der Steintanz ist ein uralter, nach dem Stand der Sonne ausgerichteter Kalender. 28 Tage eines Monats zählte man mit den drei Kreisen, die den Großen Steintanz bilden; die 13 Monate des Jahres, die den Mondumläufen entsprechen, zählte man im kleinen Kreis. Ein zusätzlicher Stein außerhalb der Kreise stellte den 365. Tag des Jahres dar, den Neujahrstag.

Das Alter der Anlage ist unbekannt, aber eine Sage rankt sich um ihre Entstehungsgeschichte: Im Nachbarort Dreetz fand einst eine Bauernhochzeit statt. In Feierlaune kamen Gäste auf die Idee, mit Lebensmitteln zu kegeln. Als ein Geist ihnen diesen Frevel verbot, verspotteten sie ihn, und in seinem Zorn verwandelte der Geist sie in Steine. Auch die Mitgift der Braut wurde getroffen – so entstand die »Brautlade«.

Im Archäologischen Freilichtmuseum in Groß Raden (links unten). Prähistorisch: der Boitiner Steintanz (links oben). Geotop Wilhelmsteine (rechts).

TIPPS & INFOS

SEHENSWERT: Wer mehr über die Vergangenheit wissen will, darf das Archäologische Freilichtmuseum in Groß Raden nicht verpassen, rund 10 km entfernt. Auf dem großen Freiluftgelände lässt sich die Slawenzeit hautnah erleben, und die Schatzkammer zeigt die spannendsten Funde der Region (www.freilichtmuseum-gross-raden.de).

UNTERKUNFT: Im malerischen Boitin gibt es eine Unterkunft der besonderen Art: Im »Speicher« entstanden 2012 vier liebevoll eingerichtete Ferienwohnungen. Spielecken, Leihräder und der Badesee fast vor der Haustür machen das Angebot komplett (www.boitiner-speicher.de).

INFO: www.sternberger-seenland.de

5 DIE WILHELMSTEINE

Kultstätte mitten im Wald

Die Angelburg im mittelhessischen Lahn-Dill-Kreis ist eine der höchsten Erhebungen ihrer Umgebung. Hier, auf den südöstlichen Hanglagen im Schelder Wald, steht eine Felsengruppe, die durch ihr außergewöhnliches Aussehen für mystische Stimmung sorgt: Die Wilhelmsteine, auch Buchensteine genannt, ragen wie versteinerte Riesen zwischen den Baumstämmen hervor. Einige von ihnen sind mit dickem Efeu überwuchert – perfekte Fotomotive und Ziele für die nächste Wanderung.

Je nachdem, wie man steht oder wie die Sonne fällt, vermeint man in den riesigen Felsen Gesichter oder Figuren zu erkennen. Moos, Efeu und Ranken auf den schwarzen Felsen verleihen der Gesteinsgruppe im Wald zusätzliche Aura. Es wird vermutet, dass die Felsenformation bei Kelten und Germanen, aber auch später noch als Kultstätte diente.

Die Felsengruppe besteht aus einzelnen, hoch aufragenden Steinen aus festem Quarz; der höchste Fels reckt sich 15 Meter in den Himmel. Auch als »Felsenburg« bezeichnet, ist sie wegen ihrer Einzigartigkeit ein eingetragenes Geotop. Entstanden sind die Steine – auch wenn sie fast wie von Menschenhand gemacht wirken – vor Millionen von Jahren durch unterirdischen Vulkanismus und dadurch, dass Erd- und Gesteinsschichten abgetragen wurden. Benannt sind die Wilhelmsteine nach dem damals beliebten Herzog Wilhelm I. von Nassau (1792–1839).

TIPPS & INFOS

ANREISE: Vor allem an Christi Himmelfahrt sind die Wilhelmsteine ein beliebtes Wanderziel, denn dann findet hier ein Waldgottesdienst statt. An der K53, ca. 3 km nördlich von Tringenstein, liegt ein Wanderparkplatz. Die Steine sind von hier aus in 1,5 km auf recht ebener Strecke zu Fuß zu erreichen.

AKTIV: Bike dabei? Dann nichts wie ins benachbarte Bad Endbach: Hier gibt's mit dem »Flowtrail Bad Endbach« einen der besten Bikeparks der Region mit einer 10 km langen Mountainbike-Rundstrecke, einer 2 km langen Trail-Abfahrt und Parcours mit vielen verschiedenen Elementen für jede Menge Spaß und alle Ansprüche zu entdecken (www.flowtrail-bad-endbach.de).

INFO: www.geopark-wlt.de/wilhelmsteine

Mitten in der Lüneburger Heide steht das Waldkrankenhaus Wintermoor mit bewegter Geschichte.

6 KRANKENHAUS WINTERMOOR

Lost Place mit bewegter Geschichte

Die Lüneburger Heide ist eine einzigartige Landschaft und die größte zusammenhängende Heidefläche in Mitteleuropa. Über flache Hügel erstrecken sich kilometerweit Heideflächen, die im Herbst prächtig blühen. Vor gut 80 Jahren war dies die perfekte Gegend, damit sich Patienten von ihren Leiden erholen konnten. Die Relikte dieser Zeit stehen noch heute, und zwar im kleinen Ort Wintermoor nördlich von Schneverdingen.

Hier, mitten im Wald neben der Behringer Straße in Richtung Niederhaverbeck, liegt das weitläufige Gelände des Gesundungshauses Wintermoor. Das Waldkrankenhaus wurde von Zwangsarbeitern im Jahr 1941 errichtet, um Patienten vor den Bombenangriffen und anderen Schrecknissen des Zweiten Weltkriegs zu schützen. Die gute Verkehrsanbindung an Hamburg war ein zusätzliches Plus.

Entstanden ist ein weitläufiges Krankenhausgelände, dessen Gebäude bis heute der Zeit trotzen. Über 800 Betten, mehrere Fachabteilungen, Operationssäle, eine Apotheke sowie ein behelfsmäßiger Friedhof fanden hier Platz. Nach Kriegsende war das Krankenhaus zeitweise britisches Militärlazarett, Tuberkulose- und Rehaklinik. Ende der 1990er-Jahre wurde das Gelände schließlich nach mehreren gescheiterten Sanierungs- und Umbauplänen aufgegeben. Zurückgeblieben ist ein Grundstück mitten im Wald, das bis heute bewegte (Krankenhaus-)Geschichte erzählt.

TIPPS & INFOS

AUSSICHT: Mit gerade mal 169 m ist der nahe Wilseder Berg die höchste Erhebung der Gegend. Man kommt nur zu Fuß, per Rad oder Kutsche dorthin, z. B. von Niederhaverbeck aus. Belohnt wird man mit einem einmaligen Heidepanorama (www.heidschnuckenweg.de).

SPEZIALITÄT: Heidschnuckenfleisch, Heidehonig, Kartoffeln, Beeren, Buchweizentorte: Die Lüneburger Heide ist bekannt für ihre Spezialitäten. Hübsch präsentiert bekommt man sie z. B. in der »Milchhalle« im Heideort Wilsede, Restaurant und Café inklusive (www.bispingen.de/gastro/milchhalle-wilsede).

INFO: www.geschichtsspuren.de

Einzigartig: Schloss Dwasieden in den Buchenwäldern Rügens

7 SCHLOSS DWASIEDEN

Prachtbau zwischen Wald und Küste

Beinahe wie ein Überbleibsel aus der Antike wirkt sie, die Schlossruine Dwasieden bei Sassnitz auf Rügen. Ende des 19. Jahrhunderts errichtet, ist das prächtige Sandsteingebäude jedoch weit entfernt von der Bauweise der Römer, es gehört eher in die Gründerzeit. Seine Lage direkt an der Ostsee, mitten in einem der berühmten Buchenwälder Rügens, ist einzigartig schön.

Schloss Dwasieden war eines der wenigen Gebäude, die damals in Norddeutschland aus Sandstein, Granit und Marmor erbaut wurden – prächtig, innen wie außen. Den Auftrag gab der reiche Geschäftsmann Adolph von Hansemann, der Bau trägt die Handschrift eines Schülers von Friedrich Schinkel. Das Schloss zu errichten und den dazugehörigen, rund 100 Hektar großen Park zu gestalten, kostete die damals unglaubliche Summe von vier Millionen Goldmark. Im Jahr 1948 wurde der Bau gesprengt; heute kann man noch den Marstall, Überbleibsel des Kellers und Ruinenreste besichtigen. Vor allem im Herbst, wenn Nebel von der Küste heraufziehen, verbreitet diese Ruine eine herrschaftliche Atmosphäre.

Ralf Lindemann, Autor des Buchs »Das weiße Schloss am Meer«, bietet Führungen von etwa 90-minütiger Länge durch die Schlossruine an, während derer er die wechselvolle Geschichte dieses atmosphärischen Gemäuers erzählt.

TIPPS & INFOS

SEHENSWERT. Der nahe, staatlich anerkannte Erholungsort Sassnitz ist das Tor zum Nationalpark Jasmund mit seinen einmaligen Kreidefelsen und Buchenwäldern. Diese kann man über den malerischen Hochuferweg erwandern, der über 12 km hinweg an der Küste entlangführt (www.auf-nach-mv.de/wandern-hochuferweg).

AKTIV: Wer von prächtigen Aussichten genug hat, kann im internationalen Hafen von Sassnitz »untertauchen«: Hier liegt das ausgemusterte britische U-Boot HMS Otus-S 18, das inzwischen als Museum dient und in aller Ruhe inspiziert werden kann – original erhaltener Torpedoraum inklusive (www.hms-otus.com).

INFO: www.schloss-dwasieden.de

Schaurig-schön: Winterstimmung im Moor von Windeby

Im barocken Terrassengarten
von Schloss Gottorf

8 Das Moor von Windeby

Zwei Leichen, ein Verdacht

Als Arbeiter im Mai 1952 im Moor des kleinen Ortes Windeby in Schleswig-Holstein Entwässerungsgräben aushoben, wussten sie noch nicht, dass sie eine Sensation entdecken würden. Ein Arbeiter hielt plötzlich inne und rief nach seinen Kollegen: Er hatte im Moor einen Knochen gefunden, wohl von einem Reh. Schnell wurde jedoch klar, dass es sich hierbei nicht um Tierknochen handelte, sondern um menschliche Überreste, eine Hand und einen Schenkel. Mitarbeiter des Landesmuseums für Vor- und Frühgeschichte bargen schließlich den Leichnam, der bald als »Mädchen von Windeby« bekannt wurde.

Der rund 2000 Jahre alte Leichnam wurde durch das Moor gut konserviert. Eine Besonderheit – und Ursprung vieler Spekulationen – liegt in der rechten Hand der Leiche: Sie ist geballt und der Daumen wurde zwischen die gekrümmten Zeige- und Mittelfinger geschoben. Gedeutet wurde dies als die »Feigenhand«, ein altes Symbol für unkeuschen Lebenswandel. Dass das Haar des Leichnams auf einer Seite kurz geschnitten war, schien den Verdacht zu erhärten, dass es sich hierbei um eine Ehebrecherin handelte: Haare zu scheren, galt als eine Strafe fürs Fremdgehen.

Als kurz darauf wenige Meter vom Fundort des »Mädchens« entfernt eine männliche Moorleiche entdeckt wurde, war die Sensation perfekt. Gefunden hatte man hier wohl zwei Ehebrecher, die im Moor mit dem Tode bestraft worden waren. Wissenschaftliche Untersuchungen schienen die These zu festigen. Es dauerte rund ein halbes Jahrhundert, bis die Wahrheit ans Licht kam: Gründlichere Untersuchungen stellten fest, dass das »Mädchen von Windeby« ein Junge ist. Für die Sensationsgeschichte von damals bedeutete dies das Aus.

Geblieben sind wissenschaftliche Diskussionen um den Umgang mit Funden aus der Frühzeit, Bücher, Filme, Krimis – und Deutschlands vielleicht bekannteste Moorleichen, die man heute im Schloss Gottorf, dem Archäologischen Landesmuseum, besichtigen kann. Vor allem der »Junge von Windeby« ist eindrucksvoll erhalten; neben der Vitrine steht eine Rekonstruktion seines Gesichts.

»Woran das Kind starb, ist unklar, ein gewaltsamer Tod wird ausgeschlossen. Grund war wohl eine Infektion am Kiefer.«

Tipps & Infos

SEHENSWERT: Schloss Gottorf ist das Archäologische Museum des Landes Schleswig-Holstein. Das prächtige Gebäude liegt auf einer Insel, 20 km von Windeby entfernt. Insgesamt drei Museen sowie ein Barockgarten sind hier untergebracht; es finden Sonderausstellungen und Kultur-Events statt (www.schloss-gottorf.de).

AKTIV: Die Gemeinde Schwedeneck bei Eckernförde gilt mit ihrer Lage direkt am Meer mit Strand und Steilküste als eine der schönsten Ecken der Region. Ob Hochseilgarten, Camping, Kiten, Ausritte in der Natur oder Stand-Up-Paddeln übers offene Wasser: Hier sind den Möglichkeiten keine Grenzen gesetzt (www.schwedeneck.de).

INFO: www.ostseebad-eckernfoerde.de

»NACH GESCHLECHTERN GETRENNT: WESTLICH DER LANDSTRASSE STANDEN DIE FRAUEN-ANLAGEN, ÖSTLICH DIE FÜR DIE MÄNNER«

9 BEELITZ-HEILSTÄTTEN

Schaurig-schönes Ensemble in Brandenburg

Dieser Lost Place unweit von Potsdam ist einmalig: Die Beelitzer Heilstätten bilden nicht nur einen eigenen Stadtteil des Ortes Beelitz, die Anlage war auch einst die größte Lungenheilanstalt Deutschlands. Mittlerweile ist sie das größte Flächendenkmal Brandenburgs: Auf 200 Hektar verteilt sich die Anlage mit ihren rund 60 Gebäuden.

Obwohl Beelitz-Heilstätten gut erreichbar ist (über einen eigenen Bahnhof und eine eigene Autobahnabfahrt der A 9), versprüht der kleine Ort mit seiner besonderen Lage mitten im Wald einen ganz eigenen, wild-romantischen Charme. Viel von seiner besonderen Aura hat sich dieser Lost Place erhalten, weil ein Großteil der alten Klinikgebäude noch so zu sehen ist wie schon vor 100 Jahren. Mit ihrer tollen Architektur wirken sie wie aus einer längst vergangenen Zeit gefallen.

Die Heilanstalt mit einst über 1000 Betten wurde zwischen 1898 und 1930 von der Landesversicherungsanstalt Berlin errichtet. Zu dieser Zeit griff die Tuberkulose um sich und Millionen Menschen erkrankten daran. Hier, mitten im Brandenburger Wald, sollten Patienten an der frischen Luft wieder genesen. Die Klinik wuchs schnell, immer weitere Gebäude und Fachbereiche entstanden. Während beider Weltkriege diente die Klinik als Lazarett und nach Ende des Zweiten Weltkriegs dann als sowjetisches Militärkrankenhaus. Nach dem Zusammenbruch der DDR versteckte sich DDR-Oberhaupt Erich Honecker in einer der Ärztevillen, bevor er nach Moskau ausgeflogen wurde.

Das Gelände besticht mit einer einmaligen Mischung aus Moderne, Tradition und Verfall: Es war schon Kulisse für viele Dreharbeiten, auch für Hollywood-Spielfilme. Zahlreiche Gebäude sind mittlerweile saniert. Wunderschön ist z. B. das Gebäude, in dem heute die »Kliniken Beelitz« untergebracht sind. Nach mehreren gescheiterten Sanierungsversuchen soll nun ein neues Wohngebiet entstehen. Doch die zahlreichen noch verfallenen Gebäude wie das sogenannte Alpenhaus oder die ehemalige Chirurgie werden den Charme dieses Ortes hoffentlich noch lange bewahren.

TIPPS & INFOS

SPEZIALITÄT: Bekannt ist die Gegend zwischen Seen, Wäldern und Heide für den Beelitzer Spargel, der hier besonders gut wächst. Im nahen Klaistow wird daraus ein Erlebnis für die ganze Familie gemacht: Auf dem Spargel- und Erlebnishof Klaistow kann man speisen, shoppen und spielen (www.spargelhof-klaistow.de).

AKTIV: Wer die Heilstätten aus luftiger Höhe betrachten will, ist beim Baumkronenpfad »Baum und Zeit« auf dem Klinikgelände genau richtig. Der erste seiner Art in Brandenburg ist 800 m lang und führt bis zu 40 m in die Höhe – teilweise über die Ruinen hinweg. Von hier aus gibt es auch Führungen durch die Kliniken zu buchen (https://baumundzeit.de).

INFO: www.baumundzeit.de/geschichte

Wer hier wohl einst
aus dem Fenster auf den
Park von Beelitz blickte?

Im Heiligtum Pömmelte fanden frühzeitliche Rituale statt.

10 HEILIGTUM PÖMMELTE

Eine Anlage für die Götter

Pömmelte, ein Ortsteil der Stadt Barby in Sachsen-Anhalt, ist sicherlich nicht weithin bekannt – im Jahr 2006 wurde hier jedoch eine einzigartige Stätte freigelegt: eine Kreisgrabenanlage, die sich bis ins 3. Jahrhundert vor Christus zurückdatieren lässt.

Die Anlage aus Gruben sowie mehreren Ringen, die sich teilweise überlagern, ist ein komplex geplanter Ort für frühzeitliche Rituale. Vermutet wird, dass hier verschiedene religiöse Handlungen durchgeführt wurden. Funde von menschlichen Skeletten, Tierknochen, Beilen und Scherben bestätigen diese Vermutung. Auch diente die Anlage zu astronomischen Zwecken, sie ist auf Sonnenauf- und -untergänge zu bestimmten Jahreszeiten ausgerichtet. Bekannt ist die Anlage mittlerweile als Ringheiligtum Pömmelte.

Entdeckt wurde sie auf einer Wiese nahe der Elbe, indem man die Stelle in großer Höhe überflog und fotografierte. Von oben gesehen stellte man fest, dass sich auf den Wiesen mehrere Ringanlagen abzeichneten; weitere Untersuchungen bestätigten die archäologischen Funde. Die Stätte besteht aus sieben Ringen und Gräben; der größte hat einen Durchmesser von etwa 115 Metern. Wegen ihres Alters und ihrer Bedeutung wird sie auch als »Klein-Stonehenge« bezeichnet. Die Anlage wurde mit Pfostenringen und Palisaden anschaulich rekonstruiert.

TIPPS & INFOS

SEHENSWERT: Originalfunde, technische Simulationen, Nachbauten und anschauliche Erklärungen zum Ringheiligtum findet man im Salzlandmuseum in Schönebeck (Elbe). In einem Gebäude aus dem 14. Jh. ist hier ein Ort für die ganze Familie entstanden. Es werden auch Führungen durch die Anlage organisiert (www.salzlandkreis.de).

WELLNESS: In Schönebeck sollte man Zeit einplanen, um dem ältesten Soleheilbad Deutschlands einen Besuch abzustatten. Seit über 200 Jahren wird die heilende Kraft der Sole an diesem wunderbaren Kurstandort genutzt. Die Seele baumeln lassen kann man im Erholungsbad Solequell sowie in der Salzgrotte im Lindenbad (www.solepark.de).

INFO: www.himmelswege.de

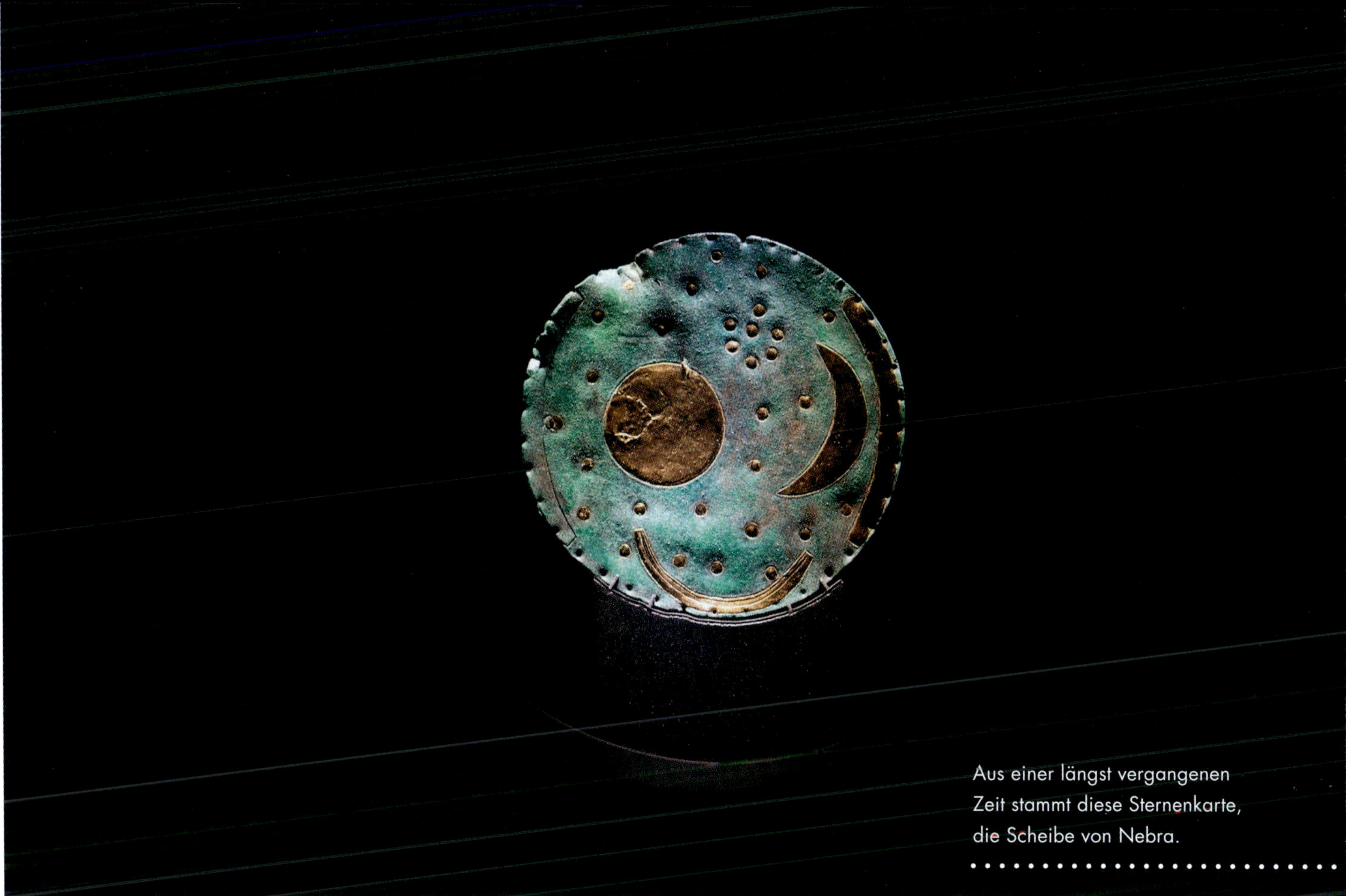

Aus einer längst vergangenen Zeit stammt diese Sternenkarte, die Scheibe von Nebra.

11 DIE SCHEIBE VON NEBRA

Frühzeitliche Sternenkarte

Diese Geschichte könnte einem »Indiana-Jones«-Film entsprungen sein: Grabräuber, die im Jahr 1999 einen weltweit einzigartigen Fund machen, und zwar mitten in der Provinz Sachsen-Anhalts. Auf dem Mittelberg nahe der Kleinstadt Nebra entdecken Sondengänger im Sommer 1999 etwas Ungewöhnliches: eine Bronzescheibe, in die goldene Symbole eingelassen sind. Da sie zudem u. a. noch Schwerter finden, halten sie die Scheibe für den Teil eines Schildes. Ohne Erlaubnis graben sie alle Fundstücke aus und nehmen sie mit. Es dauert nicht lange, bis Händler den beiden Männern Geld dafür bieten.

Doch der ungewöhnliche Fund spricht sich herum – und ebenso die Tatsache, dass die Gegenstände dem Land Sachsen-Anhalt gehören. Die Gegenstände wechseln mehrmals den Besitzer und landen schließlich auf dem Schwarzmarkt, wo mehrere Landesämter sie aufspüren können. Die Hehler werden letztlich in einem Schweizer Hotel bei einem vermeintlichen Verkaufsgespräch verhaftet, wenig später ebenso die Grabräuber. Was damals per Zufall entdeckt wurde, ist einer der bedeutendsten archäologischen Funde dieses Jahrhunderts: die Himmelsscheibe von Nebra. Die mindestens 3700 Jahre alte Bronzeplatte mit Goldeinlagen ist die älteste bisher bekannte Himmelsdarstellung. Sie zeigt religiöse Symbole und astronomische Phänomene.

TIPPS & INFOS

AUSSICHT: Die Himmelsscheibe entdeckte man auf dem rund 250 m hohen Mittelberg. An der Fundstelle wurde ein 30 m hoher, leicht geneigter Aussichtsturm errichtet, von dem aus man einen tollen Ausblick über die Gegend genießt. Der Turm funktioniert wie eine riesige Sonnenuhr (www.himmelswege.de)

SEHENSWERT: Das spektakuläre Besucherzentrum Arche Nebra, 3 km vom Fundort entfernt, darf man nicht verpassen. Während die Himmelsscheibe selbst im Landesmuseum für Vorgeschichte in Halle (Saale) ausgestellt wird, kann man in dem Bau die Bedeutung der Bronzeplatte auf innovative Weise nacherleben (www.himmelsscheibe-erleben.de).

INFO: www.landesmuseum-vorgeschichte.de

Wasserschloss im Weserbergland: Frau Holles märchenhafte Hämelschenburg

12 SCHLOSS HÄMELSCHENBURG

Wo Frau Holle zu Hause ist

Wohl jeder kennt das Märchen von Frau Holle, der mildtätigen Frau, die eines Tages ein schönes Mädchen bei sich aufnimmt. Weil es fleißig ist, belohnt Frau Holle es am Ende seines Aufenthalts u.a. mit Gold – die Stiefschwester des Mädchens hingegen, die faul und widerspenstig ist, wird mit Pech übergossen. Und wenn Frau Holle Kissen ausschüttelt, schneit es in der Welt.

Ob das Märchen tatsächlich auf wahre Personen oder Ortschaften zurückzuführen ist, ist unbekannt. Doch wer vor dem wunderschönen Schloss Hämelschenburg in Niedersachsen steht, hat wohl keine Zweifel, dass Frau Holle hier tatsächlich gewohnt haben könnte. Das Wasserschloss liegt zwischen Hameln und Bad Pyrmont im malerischen Weserbergland. Es ist ein Prachtbau im detailreichen Stil der Weserrenaissance. Mehr als nur wie ein Zufall scheint es, dass die Schlossherrin Anna von Holle hieß. Gemeinsam mit ihrem Gemahl Jürgen Klencke ließ sie das Wasserschloss im Jahr 1588 errichten. Das Rittergut ist älter, seit 1437 befindet sich das Anwesen im Besitz der Familie von Klencke und wird noch heute bewirtschaftet.

Es ist heute noch komplett erhalten und kann besichtigt werden. Auf Führungen erkundet man die prächtigen Räume des Schlosses, ebenso kann man den Gutshof, den Schlosshof, die Kirche sowie den Park besichtigen. Das Grimm'sche Märchen der »Allerleirauh« wurde 2012 hier verfilmt.

TIPPS & INFOS

AKTIV: Pferde-Fans aufgepasst – in Laufweite zur Hämelschenburg entdeckt man besonders edle Reitpferde: Das Trakehner-Gestüt Langels zeigt die schönsten Nachwuchstiere bei regelmäßigen Fohlenschauen (www.gestuet-haemelschenburg.de).

SPEZIALITÄT: Auf dem Anwesen befindet sich auch die familiengeführte Holzmanufaktur »Rischmade«, die einen Besuch lohnt. Hier entstehen wunderschöne, von Hand gearbeitete Krippen- und Bauernhoffiguren, die nicht nur Kinder begeistern, sowie Gartendekorationen und Christbaumschmuck (www.rischmade.de).

INFO: www.schloss-haemelschenburg.de

Im Eppendorfer Moor entdeckt man viele botanische Raritäten.

13 EPPENDORFER MOOR

Mystische Atmosphäre nahe der Großstadt

Dunkle Äste krümmen sich über den Weg, in den Teichen links und rechts kräuselt sich das Wasser, Flechten hängen von den Bäumen: Das Eppendorfer Moor im Norden Hamburgs verbreitet wie nur wenige Gebiete so nahe an der Großstadt eine ganz eigentümliche Atmosphäre. Das rund 30 Hektar große Naturschutzgebiet ist eine grüne Oase im sonst so hektischen Einzugsgebiet der Metropole.

Geprägt ist das Eppendorfer Moor durch seine dunkelgrüne Vegetation und seine zahlreichen Wasserflächen, in denen sich der Himmel spiegelt. Von Hamburg aus führen viele Wege ins Moor. Wer beim Wandern ab und an mal innehält, kann besondere Pflanzen wie Schwertlilien entdecken, die sich mit mehreren Arten in diesem Schutzgebiet wohlfühlen. Zur Bestimmung von Pflanzenarten kann dabei eine App fürs Smartphone hilfreich sein. Auch wunderschöne Vogelarten wie Eisvogel oder Grünspecht sind hier zu Hause. Ebenfalls reich ist das Revier an Schmetterlingen. Und besonders lohnend ist ein schaurig-schöner Spaziergang in der Dämmerung: Dann kommen die Fledermäuse heraus und begeben sich auf Nahrungssuche.

In den Fokus der Botaniker rückte das Moor Ende des 18. Jahrhunderts, denn damals war das Gebiet für sein großes Orchideenvorkommen berühmt. Für eine Ausstellung über die Flora des Moores erhielt das Botanische Staatsinstitut Hamburg im Jahr 1904 sogar eine Goldmedaille bei der Weltausstellung in den USA.

TIPPS & INFOS

ANREISE: Das Moor liegt im Stadtteil Großborstel westlich der Alsterkrugchaussee. Zu erreichen ist es vom Hauptbahnhof-Süd mit der U1 Richtung Ohlsdorf bis Lattenkamp, dann weiter mit dem Bus 114 Richtung Lufthansa-Basis bis zur Haltestelle Orchideenstieg.

EINKEHR: Wer Lust hat, nach dem Besuch im Moor noch etwas die Seele baumeln zu lassen, der ist im nahe gelegenen »Le Marrakech« in der Gert-Marcus-Str. 10 genau richtig: Hier gibt es marokkanische Speisen in wunderschönem Ambiente. Das kann man sich übrigens auch nach Hause holen: Über das Restaurant können Möbel und Fliesen erstanden werden (www.le-marrakech.squarespace.com).

INFO: www.hamburg.de/naturschutzgebiete

14 BURG FRIEDLAND

Vorsicht vor der Weißen Frau

Ein Burgherr aus Friedland in der Niederlausitz hatte einst eine sehr schöne Tochter. Sie war das einzige Kind ihrer Eltern und ebenso hübsch wie stolz. Sämtliche jungen Männer, die um ihre Gunst buhlten, wies sie ab. Weil dies viele Jahre lang so ging und das Mädchen in seiner Überheblichkeit alle Anwärter abblitzen ließ, sprach der Burgherr auf seinem Sterbebett einen furchtbaren Fluch aus.

Seitdem, erzählt man sich, wandert das Mädchen ruhelos auf den Mauern der Burg Friedland umher. Wenn ein Mann an ihm vorbeikommt, folgt es ihm schweigend. Der Mann darf die Weiße Frau nicht ansprechen, denn sonst springt sie ihn von hinten an und würgt ihn zu Tode.

Soweit die Sage der Burg in der Kleinstadt Friedland. Hierbei handelt es sich um eine der besterhaltenen Burganlagen Brandenburgs, eine der drei sogenannten Streleburgen, einem alten Lausitzer Herrschaftsgeschlecht, den Rittern von Strele. Die Burg mit dem großen Innenhof wurde bereits im Jahr 1301 zum ersten Mal urkundlich erwähnt. Bei einem verheerenden Stadtbrand im Jahr 1623 ist viel der ursprünglichen Burg vernichtet worden; in den Jahrzehnten danach erfolgte der Wiederaufbau. Zuletzt war hier lange Zeit eine Schule untergebracht. Der Burgförderverein Friedland hat das Gebäude mittlerweile von innen liebevoll und zeitgetreu saniert, sodass hier heute viele Feste, Ausstellungen und auch private Feiern stattfinden.

TIPPS & INFOS

AKTIV: Friedland liegt in direkter Nähe zum Schwielochsee, mit 13 km^2 der größte natürliche See des Bundeslands. Zwei Ausflugsschiffe verkehren hier, zudem kann man den See mit eigenen oder gemieteten Booten befahren – per Wasserstraße kommt man sogar bis nach Berlin oder Frankfurt/Oder (www.teg-lds.de).

UNTERKUNFT: Morgens direkt am Wasser aufwachen: Das geht wunderbar im Ferienhaus Spree am gleichnamigen Fluss, der am Nordende in den Schwielochsee mündet. 2014/15 entstanden hier zwei moderne Ferienwohnungen mit Garten, die keine Wünsche offenlassen (www.ferienhausspree.de).

INFO: www.friedland-nl.de

Ruhelos: Auf Burg Friedland spukt die Weiße Frau umher.

Im wunderschönen Spreewald soll es Irrlichter geben (links). Nachbildung einer slawischen Fluchtburg in Raddusch (unten)

15 DIE NIEDERLAUSITZ

Wo der Bludnik in die Irre führt

Die Lausitz ist eine große Region, die heute anteilig zu Sachsen, Polen und Brandenburg gehört – ein Gebiet reich an kulturellen Besonderheiten, Sagen und Legenden. Der nördlichste Teil heißt Niederlausitz und bezieht auch den oberen Spreewald mit ein. Eine der hier verbreiteten Sagen handelt vom Bludnik und entfaltet im labyrinthisch angelegten Spreewald so richtig ihre Wirkung.

Der Bludnik ist ein Irrlicht, der Menschen durch Sümpfe und andere schwer zugängliche Gebiete führt. In zahlreichen Erzählungen aus dem Wendischen spielt der Bludnik eine Rolle, so z.B in folgender: Einst hatte sich ein Bauer verirrt. Als der Bludnik auftauchte, versprach ihm der Bauer eine Belohnung, wenn er ihn nach Hause führe. Der Bludnik tat, worum der Bauer ihn gebeten hatte – doch kaum hatte der Mann die Haustür hinter sich geschlossen, vergaß er das Irrlicht und die versprochene Bezahlung. Als der Bauer wieder einmal weit draußen arbeitete, tauchte das Irrlicht vor ihm auf – aber anstatt ihn nach Hause zu führen, leitete es den Bauern aus Rache eine ganze Nacht lang kreuz und quer über die Felder. Erst im Morgengrauen führte es den völlig erschöpften Mann nach Hause, wo er von der Nachbarschaft ausgelacht wurde.

Dem Ursprung dieser und ähnlicher Sagen kann man besonders gut in Spreewaldorten wie Lübbenau oder Vetschau nachspüren und von hier aus wunderbar die Umgebung erkunden, am besten per Kahn – aber nicht den Irrlichtern folgen!

TIPPS & INFOS

SEHENSWERT: Wer den geschichtlichen Ursprüngen im Spreewald nachspüren will, sollte die Slawenburg im Ort Raddusch besuchen, der detailgetreuen Nachbildung einer slawischen Fluchtburg. Im Inneren des Burgwalls befinden sich ein Museum, ein Burgladen und das Burgrestaurant (www.slawenburg-raddusch.de).

UNTERKUNFT: Im kleinen Ort Lehde kann man in einem über 100 Jahre alten Spreewaldhof mit dem passenden Namen »Bludnik« nächtigen. Im Wohnhaus und dem ehemaligen Kuhstall entstanden moderne, liebevoll eingerichtete Ferienwohnungen (www.bludnik.de).

INFO: www.raddusch-spreewald.de

Tecklenburg lockt mit seinem historischen Ortskern.

16 DER HEXENPFAD

Rundweg durchs Tecklenburger Land

Die Tage werden kürzer, die Wälder färben sich bunt, Nebel steigt aus den Wiesen auf … Um das Münsterland zu entdecken, ist eigentlich jede Jahreszeit perfekt, doch die stimmungsvollste ist mit Abstand der Herbst. Eine besonders atmosphärische Wanderung verläuft über den Tecklenburger Hexenpfad, einen Rundweg um Tecklenburg südlich von Ibbenbüren.

Mit seinen fünf Kilometern ist dieser Weg nicht lang und auch für durchschnittlich trainierte Spaziergänger leicht zu bewältigen. Jedoch ist der Rundweg unglaublich abwechslungsreich, führt er doch u. a. zu einer Felsengruft, einem Hexentanzplatz und einem Heidentempel mitten im Wald. Geleitet wird man dabei passenderweise vom Symbol einer weißen Hexe auf dunkelgrünem Grund.

Der Rundweg beginnt am Tecklenburger Marktplatz, und schon die erste Station versetzt Wanderer sogleich in die richtige Stimmung: Wunderschön thronen die Überreste der Burg Tecklenburg auf dem höchsten Punkt der Innenstadt. Von dieser Anlage, die vermutlich aus dem 11. Jahrhundert stammt, ist heute nur noch wenig erhalten.

Eine weitere der insgesamt fünf Stationen bildet die sogenannte Hexenküche mit dem Hexentanzplatz. Hier trafen sich nach der Sage die Zauberinnen aus der Umgebung in einer geheimen Höhle, um Tränke zu brauen und Salben zu fertigen. An ihren Zeremonien soll der Teufel teilgenommen haben, und so entdeckt man noch heute an der Felsformation Faust- und Fußabdrücke des Satans …

TIPPS & INFOS

SEHENSWERT: Wer weiter in stimmungsvollen Landschaften verweilen will, kann im Otto-Modersohn-Museum am Markt vorbeischauen. Hier hängen zahlreiche Werke des bedeutenden deutschen Landschaftsmalers, zudem gibt es viele Wechselausstellungen zu besichtigen (www.ommt.de).

EINKEHR: Wer Tecklenburg besucht, muss im historischen Café Rabbel am Marktplatz einkehren. 1907 eröffnet, befindet sich das Café mit Confiserie noch heute in Familienbesitz und bietet u. a. Spezialitäten nach altschlesischen Rezepten (www.cafe-rabbel.de).

INFO: www.tecklenburg-touristik.de

Moosig-unergründlich: Tief im Allgäuer Wald findet man die Teufelsküche.

17 DIE TEUFELSKÜCHE

Ein verfluchter Ort im Allgäu

Zufällig im Ostallgäu unterwegs? Dann sollte man sich einen Besuch in der Teufelsküche nicht entgehen lassen. Die Felsenformation bei Obergünzburg trägt tatsächlich diesen Namen. Die moosüberzogenen, riesigen Felsen liegen mitten im Wald und wirken zwischen den schmalen, grauen Baumstämmen wie vom Teufel hierher verpflanzt.

Die Realität ist, wie so oft, nur halb so mystisch: Die Felsen, die als besonders schönes Geotop sowie als Naturdenkmal gelten, sind Relikte vergangener Eiszeiten. Haushohe Blöcke brachen einst aus einer Steilwand heraus und rutschten ins Tal, wo sie liegen blieben. Mit der Zeit bildeten sich bizarre Formen, Höhlen und Spalten.

Einer Sage nach lebte hier vor vielen Jahrhunderten eine Familie. Erlegte Tiere und gesammelte Pflanzen und Kräuter wurden in einer Art Felsenküche zubereitet. Aus Versehen aß die Familie jedoch eines Tages giftige Beeren, und bevor die Familie daran verstarb, verfluchte der Mann diesen Ort.

Wer Lust auf eine leichte Wanderung hat, kann von Ronsberg aus starten – los geht es am Skilift und dann direkt in den Wald. Der Rundweg ist ausgeschildert und etwa sieben Kilometer lang (ca. 2 Std.). Eine nur halbstündige Wanderung zur Teufelsküche ist es vom Parkplatz direkt neben der Straße zwischen Obergünzburg und Ronsberg aus. Auch kann man am Parkplatz bei der Schlossmühle Liebenthann starten.

TIPPS & INFOS

EINKEHR: Die Schlossmühle Liebenthann im Tal liegt auf halbem Weg zwischen Obergünzburg und Ronsberg. 1698 erbaut, lockt sie heute mit Lokal und Biergarten und ist ein idyllischer Ort, um es sich gut gehen zu lassen. Es werden auch zwei gemütliche Ferienwohnungen vermietet (www.schlossmuehle-liebenthann.de).

SEHENSWERT: Was macht die Südsee im Ostallgäu? Diese und andere Fragen klärt die Südsee-Sammlung mit Historischem Museum in Obergünzburg. Hier am Unteren Markt gibt es u.a. zahlreiche interessante Objekte aus Ozeanien zu entdecken (www.suedseesammlung.de).

INFO: www.lfu.bayern.de/geologie

Malerischer Spuk:
in den winterlichen Wäldern der Davert

18 DIE DAVERT

Wälderspuk im Münsterland

Hell und freundlich wirkt sie, die Davert. Die größte Waldlandschaft des Münsterlands besticht durch ihren schönen Baumbestand aus Buchen, Erlen, Ulmen und Eichen. Vor allem im Frühjahr und Sommer ist die Davert ein tolles Ausflugsziel, bekannt für ihre Vielfalt an Vögeln und Schmetterlingen. Doch man sollte sich nicht täuschen lassen: Hier spukt es!
Vor vielen hundert Jahren war die Davert noch nebelumwabertes Sumpfland und ansässige Bürger trauten sich nicht tiefer hinein: Man vermutete Gespenster und Unholde im Unterholz. So musste man sich vorsehen, wem man im Wald begegnete – denn damals gab es viele Händler, die zu Fuß unterwegs waren, und in deren Haut konnte der Teufel höchstpersönlich stecken, der einem einen Schlag in den Rücken versetzte, wenn man nicht aufpasste. Der wohl älteste Baum in der Davert, heute ein Naturdenkmal, heißt passenderweise Teufelseiche.
Übel erging es der Sage nach einem Mädchen, das ein junges Reh fand und aufzog. Ein Förster aber beschuldigte es, das Reh gestohlen zu haben, und band das Mädchen auf dem Rücken des Tiers fest. Heute noch sieht man manchmal ein Reh in seltsamer Gestalt durch die Wälder ziehen … Viele Sagen wurden so mit der Davert in Verbindung gebracht. Heute ist sie zwar ein malerisches Naturschutzgebiet, das es aber vor allem nachts noch immer schafft, Wanderern einen Schauer über den Rücken zu jagen.

TIPPS & INFOS

ANREISE: Zur Davert südlich von Münster gibt es mehrere Zugänge. Mit dem Auto fährt man von Münster über Kappenberger Damm, die Grafschaft und Thierstraße durch Amelsbüren, dann führt die Ottmarsbocholter Straße zum Wanderparkplatz Weidelandschaft Davert. Mit dem Zug fährt man von Münster-Hbf nach Rinkerode und startet die Wanderung von dort.
AKTIV: Auf knapp 10 km führt der Hauptwanderweg X3 von Rinkerode (Kreis Warendorf) bis nach Davensberg (Kreis Coesfeld) durch die Davert. Zu sehen gibt es neben Natur auch Parks und Herrenhäuser (www.muensterland.de/freizeit-urlaub).
INFO: www.natur-erleben-nrw.de

Traum oder Alptraum?
Im Märchenschloss Raesfeld hört man das Klagen eines Kindes …

19 SCHLOSS RAESFELD

Wo ein Wimmern durch die Gänge wabert

Raesfeld, zehn Kilometer südlich von Borken gelegen, wirkt wie ein Traumschloss: Umgeben von hohen Bäumen und Wassergräben, beeindruckt dieses Anwesen schon von Weitem. Das Wasserschloss aus dem 12. Jahrhundert entstand als Ritterburg und wurde im Lauf der Zeit zum Residenzschloss im Stil der Renaissance umgebaut, was man der Anlage noch heute ansieht. Nach jahrzehntelangem Leerstand, einem Teilabriss und der Umnutzung als Gutshof wurde das Ensemble durch die Handwerkskammern des Landes Nordrhein-Westfalen nach dem Zweiten Weltkrieg gerettet. Heute kann man hier fein speisen, heiraten oder auch an Veranstaltungen und Fortbildungen teilnehmen.
Man erzählt sich jedoch, dass vor langer Zeit der Sohn einer adeligen Familie, die auf Schloss Raesfeld residierte, erkrankte. Die Ärzte waren ratlos, doch eines Tages erschien ein Wunderheiler am Schlosstor, der den verzweifelten Eltern versprach, den Jungen heilen zu können. Der Heiler verabreichte ihm Medizin und erhielt eine große Belohnung. Wenn der Junge aufwache, so erzählte er, würde er wieder ganz gesund sein. Doch der Junge erwachte nie wieder – und der falsche Wunderheiler war indessen längst abgereist. Die gramgebeugten Eltern bereiteten ihrem Jungen in der Gruft des Schlosses eine letzte Ruhestätte und verließen ihre Heimat. Bis heute soll man das Klagen des Jungen in den Gängen des Schlosses hören können …

TIPPS & INFOS

SEHENSWERT: Der Tiergarten des Schlosses ist eine Besonderheit und einer der wenigen seiner Art, die aus der Zeit der Renaissance noch erhalten geblieben sind. In dem großen Park kann man Hirsche beobachten oder auf dem Naturerlebnisgelände herumtoben. Der Eintritt zum Park ist frei (www.naturpark-hohe-mark.de).
EINKEHR: Das Münsterland ist bekannt für seine hervorragenden herzhaften Speisen. Die kann man gut im 5 km vom Schloss entfernt gelegenen »Adelheids Spargelhaus« verkosten, einem stilvollen Restaurant auf einem Hof aus dem 14. Jh. Ein Besuch lohnt sich nicht nur zur Spargelzeit (www.adelheids-spargelhaus.de)!
INFO: www.muensterland.com/tourismus

Varusmaske im Museum Kalkriese

»IMMER WIEDER GIBT ES UNTER HISTORIKERN NEUE THEORIEN ZUR SCHLACHT, ÜBER DIE LEIDENSCHAFTLICH GESTRITTEN WIRD.«

20 DIE VARUSSCHLACHT

Ein Kampf, der bis heute Mythos ist

Sie mag zu den größten Mythen der Deutschen gehören, ein Zeichen des vermeintlichen siegreichen Widerstands der Germanen aus dem Norden gegen die vordringenden Römer aus dem Süden: die Varusschlacht. In der deutschen Geschichte wurde die Schlacht aus dem Jahr 9 nach Christus verklärt – und machte aus dem germanischen Feldherren Arminius einen der ersten großen deutschen Nationalhelden. In Rom galten die germanischen Stämme aus dem Norden als brutal, einfach, ungewaschen und leicht zu überlisten. Umso schockierender war es also für das mächtige Weltreich, als in der Varusschlacht mehrere Legionen und damit Tausende Soldaten in einen Hinterhalt gelockt und regelrecht niedergemetzelt wurden. »Varus, Varus, gib mir meine Legionen zurück!«, soll der römische Kaiser Augustus, an den römischen General Quintilius Varus gewandt, der die Truppen damals führte, im Nachhinein verzweifelt gerufen haben. Wegen ihrer historischen und mythologischen Bedeutung gilt die Varusschlacht als eine der wichtigsten kriegerischen Auseinandersetzungen der Antike. Bekannt ist sie auch als Hermannsschlacht (benannt nach Hermann vom Stamm der Cherusker, ein anderer Name für Arminius) oder als Schlacht im Teutoburger Wald. Dabei ist bis heute nicht klar, wo genau die blutige Auseinandersetzung eigentlich stattfand.
Unklar ist ebenfalls, warum Germanen und Römer aneinandergerieten. Die gängigste Theorie ist, dass die germanischen Siedlungsgebiete bereits unter römischem Recht standen. Daher wurden auch Steuern eingetrieben, um den Machtanspruch Roms in Germanien zu festigen – was den einheimischen Stämmen natürlich sauer aufstieß.
Was die Schlacht so überhöhte, war, dass Arminius zunächst auf der Seite der Römer stand, sogar in Rom ausgebildet worden war. Er überredete Varus dazu, dass die Legionen einen Umweg durch Wälder und Sümpfe nehmen sollten – wo ihnen germanische Krieger leicht auflauern konnten.

TIPPS & INFOS

SEHENSWERT: Lange galt der Teutoburger Wald als Ort der Schlacht, als wahrscheinlicher gilt aber aktuell Kalkriese bei Osnabrück. Hier ist ein sehenswertes Museum mit moderner Ausstellung und 20 ha großem Park entstanden, das dem Mythos Varusschlacht spannend auf den Grund geht (www.kalkriese-varusschlacht.de).
EINKEHR: Nur 500 m vom großen Museumspark entfernt lockt die »Varus Deele« hungrige Gäste. In dem geschmackvoll eingerichteten Bauernhaus mit Biergarten und Partyscheune gibt es ein Café und ein Restaurant mit gutbürgerlicher Küche. Ferienwohnungen werden ebenfalls vermietet (www.varus-deele.de).
INFO: www.kalkriese-varusschlacht.de

Spektakulär geht der Mond
über dem Teutoburger Wald mit
dem Hermannsdenkmal auf.

Am Kaltenstein sollen Schätze vergraben liegen.

21 DER KALTENSTEIN

Keltische Schätze unter dem Stein

Hexen, die Rituale veranstalten, Druiden, die Schätze vergraben, Zwerge, die Feste feiern: Viele Sagen und Erzählungen ranken sich um den Kaltenstein im Hoxberger Wald südlich der Kleinstadt Lebach im Saarland. Wer die Felsformation sieht, mag sofort glauben, dass an den Erzählungen ein Fünkchen Wahrheit dran sein könnte. Der Kaltenstein ist ein großer Fels, der mitten im Wald liegt und von Efeu und Moos überzogen ist. Wie versteinerte Urwesen wirken die Elemente des Steins, der rund 270 Millionen Jahre alt ist und vermutlich ein Heiligtum der Kelten war.

Der Kaltenstein ist in der näheren Umgebung wegen der vielen Sagen sehr bekannt. Nicht nur soll er beliebter Treffpunkt von Hexen gewesen sein, auch große Schätze sollen unter ihm vergraben liegen. Diese haben – je nach Version der Geschichte – entweder Druiden hier vergraben oder Zwerge, die unter dem Stein leben, halten ihn versteckt. Wenn die Glocken der nahen Kirche am Karfreitag von selbst zu läuten beginnen, wird sich der Stein um die eigene Achse drehen und den Schatz preisgeben. Ob sich der Schatz den Menschen schon einmal gezeigt hat, ist leider nicht überliefert. Diese Sage hat die Menschen von Lebach jedoch so fasziniert, dass sogar ein Lied über sie gesungen wird. Ein genauerer Blick auf den Stein lohnt sich: Hier gibt es mehrere Einbuchtungen für Kerzen und Heiligenfiguren; vermutlich führte am Stein einmal ein Kreuzweg vorbei.

TIPPS & INFOS

ANREISE: Nach Lebach kommt man über die A 1, Ausfahrt Eppelborn. Man fährt Richtung Eppelborn und weiter nach Lebach. Um zum Wanderparkplatz nahe des Steins zu gelangen, geht es durch Lebach hindurch; hinter Eidenborn befindet sich rechts an der Straße der Parkplatz.

AKTIV: Es lohnt sich, den idyllischen Hoxberger Wald über den Kaltensteinpfad zu erkunden – dieser führt auf knapp 8 km einmal im weiten Bogen um den Felsen herum. Gute Kondition sollte man auf alle Fälle mitbringen, denn es gilt einige anstrengende Steigungen zu bewältigen (www.lebach.de/tourismus-freizeit).

INFO: www.touren.saarland/de

Roter Backsteintraum: Mitten im Kiefernwald steht der Gebäudekomplex von Kolkwitz.

22 HEILSTÄTTE KOLKWITZ

Denkmal mitten im Wald

Stellen Sie sich vor, Sie schlendern mitten durch den Wald. Die Bäume rauschen, Vögel zwitschern – und plötzlich öffnet sich vor Ihnen eine Lichtung. Sie trauen Ihren Augen kaum, denn da steht ein Schloss aus rotem Backstein, mit Türmchen und steinernen Figuren. Was mag die Geschichte dieses imposanten Gebäudes sein? Warum steht es jetzt leer?

Wer so ein Erlebnis sucht, der ist in der Gemeinde Kolkwitz nahe Cottbus genau richtig. Hier, mitten im Wald, steht die ehemalige Lungenheilstätte Kolkwitz, in der vor allem Tuberkulosekranke untergebracht waren. Gute Landluft galt bei der Heilung als wichtig, sodass im 18. Jahrhundert zahlreiche Kliniken in bergigen Gegenden oder in Wäldern eröffnet wurden. Im Jahr 1900 weihte man die Lungenheilstätte Kolkwitz ein und während des Zweiten Weltkriegs verlegte das Klinikum aus dem nahen Cottbus einige Abteilungen hierher. Ab den 1970er-Jahren zogen sogar Teilbereiche aus Cottbus komplett nach Kolkwitz um. Seit den frühen 2000er-Jahren steht das Gebäude jedoch leer.

Bis heute ist man auf der Suche nach einer sinnvollen Nutzung für den riesigen Gebäudekomplex, der seit den 1980er-Jahren unter Denkmalschutz steht. Wie ein vergessenes Märchenschloss ragt das Haupthaus derzeit zwischen hohen Kiefern empor und wartet darauf, wieder mit Leben gefüllt zu werden. Das Gelände lädt zum Spaziergang ein: Zum Klinikum gehört ein großer Park mit schönem Baumbestand.

TIPPS & INFOS

ANREISE: Wer von Berlin aus Richtung Cottbus fährt, nimmt von der A15 die Abfahrt Vetschau. Über die L49 (Berliner Straße) geht es in Richtung Kolkwitz, in Kolkwitz rechts auf die Bahnhofstraße und hinter dem Bahnhof in den Heilstättenweg. Die Bushaltestelle Kolkwitz-Klinikum zeigt das Ziel an.

SPEZIALITÄT: Leberklößchen, Semmelknödel, Schweinebraten: Die böhmischen Spezialitäten im »Böhmischen Rasthof« in Hänchen lassen einem das Wasser im Mund zusammenlaufen. Das Backsteinhaus ist urgemütlich und im Sommer kann man auch draußen im Biergarten sitzen (www.boehmischer-rasthof.de).

INFO: www.gemeinde-kolkwitz.de

Mitten im Schwarzwald gibt es einen wahren Lost Place, das Hotel Waldlust (links). In Arzberg im Fichtelgebirge wurde einst Porzellan hergestellt (rechts).

23 HOTEL WALDLUST

Ort der gequälten Seelen

Wer den Grusel-Kultklassiker »The Shining« mit seinem berühmten Overlook-Hotel mag, wird diesen Lost Place im Schwarzwald lieben: Über sieben Etagen erhebt sich in Freudenstadt das Hotel Waldlust, das zwar erst seit 2005 leer steht, spuken soll es hier jedoch schon seit Jahrzehnten.

Seine Vergangenheit als Luxushotel sieht man dem weißen Bau mit der hübschen Fassade auch heute noch an, auch wenn die geschwungenen Balkone allmählich Moos ansetzen und das Hotel mehr und mehr verfällt. Auch innen erzählt das Jugendstilgebäude noch von seiner Vergangenheit: Stuck an der Decke, lange Gänge, Himmelbetten, Blümchentapeten und ein alter Tanzsaal.

Das Hotel eröffnete im Jahr 1902 und war lange bei Reichen, Berühmten und sogar dem Adel beliebt: König Gustav V. von Schweden nächtigte einst hier. Auch Schauspielstars der 1930er-Jahre gingen ein und aus. Hochbetrieb herrschte im Hotel in den 1940er-Jahren unter Betreiberin Adele, die 1949 angeblich hier gewaltsam ums Leben kam – seitdem, so erzählt man sich, wandelt ihr Geist durch Zimmer und Gänge. Später war im Waldlust-Hotel ein Lazarett untergebracht. Angestellte berichteten in den 1960er-Jahren, dass die gequälten Seelen der Verstorbenen den Ort noch immer heimsuchen würden. Nachdem die Besitzer mehrere Male wechselten, schloss es 2005 seine Tore. Seitdem wird der Ort gern für Dreharbeiten genutzt.

TIPPS & INFOS

AKTIV: Das Schlosshotel ist ein besonderer Ort für alle, die die verwitternde Schönheit von Lost Places mögen. Eigens darauf ausgelegte Fototouren und Führungen bietet der Verein für Kulturdenkmale Freudenstadt an. Die Einnahmen daraus kommen dem Verein und damit dem Erhalt dieses besonderen Denkmals zugute (www.denkmalfreunde.de).

WELLNESS: Wer Lust auf Erholung, Schwimmen und Saunen hat, der ist im Panoramabad in der Ludwig-Jahn-Straße genau richtig. Hier gibt es nicht nur Indoor- und Outdoor-Schwimmbecken sowie mehrere Wasserrutschen, sondern auch eine große Saunalandschaft, Fitnesskurse und Massageangebote (www.panorama-bad.de).

INFO: www.waldlust-denkmal.de

»IN VIELEN WOHNZIMMERN KONNTE MAN FRÜHER DAS GESCHIRR MIT DEM GRÜNEN ARZBERG-SCHRIFTZUG FINDEN.«

24 ALTE PORZELLANFABRIK

Vom Glanz des »Weißen Goldes«

Bekannt ist es als das »Weiße Gold«, das viele Jahrhunderte lang ein Zeichen für Wohlstand und Stil war: Porzellan. Deutschland ist bekannt für viele Manufakturen, ob das berühmte Meißner Porzellan oder das feine Geschirr von Rosenthal. Ein ebenso großer Begriff ist die feine Keramik aus dem Ort Arzberg im Fichtelgebirge. Seit den 1880er-Jahren entwickelte sich Arzberg als eigenständige Marke und verband sich auch mit anderen Fabriken im Ort.
Die Rohstoffe, die man für die Herstellung benötigte, stammten aus der Umgebung, Arbeiter konnte man ebenfalls aus der Region holen. Klassisch-elegantes Geschirr, Kannen und Schalen: Der Ort wurde bekannt für sein Porzellan und konnte Wohlstand erwirtschaften. Vor allem nach dem Zweiten Weltkrieg, als die Menschen in den Wirtschaftswunderjahren wieder über genügend Geld – und die passenden Anlässe – verfügten, um »gutes Geschirr« zu erwerben.
Der Niedergang begann in den 1980er-Jahren, als vor allem aus Asien containerweise Billigware nach Deutschland importiert wurde. Zahlreiche hiesige Produktionsstätten mussten schließen. Die Arzberger Porzellanfabrik hingegen steht noch, und in den riesigen Hallen ist die Geschichte fast greifbar: Zu sehen gibt es die großen Maschinen, Formen, Rohlinge sowie Papiere, Möbel und Besteck – als hätten die Arbeiter gerade erst Feierabend gemacht. Fototouren werden zum Beispiel über die »Foto-Faktorei« angeboten (www.foto-faktorei.de).

TIPPS & INFOS

SPEZIALITÄT: Auch heute noch ist der Stellenwert des »Weißen Goldes« überall in Arzberg zu spüren. Das wird vor allem Porzellan-Fans freuen: An mehreren Stellen in der Stadt kann man bei Werksverkäufen günstig schöne Stücke erstehen (Infos z. B. unter www.arzberg-porzellan.com).
AKTIV: Das Fichtelgebirge ist das ideale Gebiet für alle, die sich gern auspowern. So locken zahlreiche Wanderwege rund um Arzberg, der nahe Feisnitz-Stausee und die Naturpark-Informationsstelle im Bergwerk Kleiner Johannis (www.fichtelgebirge.bayern).
INFO: www.arzberg.de

Im Mandelbachtal soll im Bettelwald König Attila begraben worden sein.

25 ATTILAS GRAB

Ruhestätte für einen König im Bettelwald

Er ließ seine Gegner zittern und war gefürchtet: Attila, der Anführer des Kriegerverbands der Hunnen. Im 5. Jahrhundert errichteten diese ungefähr auf dem Gebiet des heutigen Ungarns ein Reich, das vor allem mit Attila als Anführer schnell groß wurde. Er führte auch Kriegszüge gegen das Römische Reich und forderte hohe Tributzahlungen, um die Macht seines eigenen Reichs ausbauen zu können. Nach Attilas Tod fiel die Macht der Hunnen jedoch schnell in sich zusammen.
Attila lebt als König Etzel im Nibelungenlied weiter. Auch einige lokale Sagen entstanden um ihn. Eine Sage aus dem Saarland besagt, dass dieser legendäre Kriegsführer in dem kleinsten der deutschen Bundesländer begraben liegt. Attila, so will es die Legende, starb beim Rückzug nach einer Schlacht in Frankreich am Rhein. Damit der Leichnam nicht geschändet würde, machte sich ein Trupp von Hunnen auf, um ihren Anführer in einer einsamen Gegend hoch auf einem Berg zu begraben.
Sie kamen am kleinen Ort Ommersheim vorbei, heute ein Ortsteil der Gemeinde Mandelbachtal, etwa 15 Kilometer von Saarbrücken entfernt. In einem Waldstück, dem Bettelwald, fand die Gruppe genügend Schutz, um Attila in seinem goldenen Sarg zur Ruhe zu betten. Als der Trupp zu den wartenden Kameraden zurückkehrte, wurden jedoch alle erschlagen – denn kein Lebender sollte jemals erfahren, wo Attila begraben lag.

TIPPS & INFOS

AKTIV: Pferdefreunde aufgepasst: Die Gemeinde Mandelbachtal besticht durch besonders schöne Natur und wurde schon als »Deutschlands pferdefreundlichste Gemeinde« ausgezeichnet. Auf dem Gemeindegebiet gibt es zahlreiche Reiterhöfe, die rund ums Jahr Reitunterricht anbieten, egal ob für Anfänger oder Fortgeschrittene (www.mandelbachtal.de).
AUSSICHT: Lust, mal die Welt von oben zu betrachten? Auf dem Flughafen Saarbrücken, 4 km von Ommersheim entfernt, bietet die Firma »Heli Express« Helikopterrundflüge an. Wer selbst an den Steuerknüppel will: Schnupperflüge gibt's auch (www.flughafen-saarbruecken.de).
INFO: www.ommersheim.de

Teuflisch schön: Im Pfälzer Wald gibt es viele besonders geformte Felsen wie hier den Teufelstisch.

26 DER TEUFELSTISCH

Ein Pfälzer Fels von teuflischer Form

Schon wer ihn von Weitem sieht, glaubt gern, dass es hier nicht mit rechten Dingen zugehen kann: Der Teufelstisch bei Hinterweidenthal ist der markanteste Felsen im Pfälzerwald. 14 Meter ragt der grau-rötliche Stein in die Höhe, und zwar in besonderer Form: Wie eine große Tischplatte thront ein massiver Felsen quer auf einer Steinsäule. Auch wenn es im Pfälzerwald mehrere solcher Pilzfelsen gibt, ist doch keiner so hoch und prägnant wie dieser.

Kein Wunder also, dass die Menschen von einst seine Entstehung mit dem Teufel in Verbindung brachten. Die entsprechende Sage verpackte der Heimatdichter Johann Martin Jäger in einem Gedicht: Der Teufel, heißt es darin, hielt beim Gang durch den Wald nach einem Ort Ausschau, an dem er Rast machen könne. Zu seinem Ärgor gab es jedoch keinen Rastplatz – also nahm er kurzerhand zwei Felsen und stellte sie zum Tisch auf. Am nächsten Morgen riefen sich die Menschen entsetzt zu: »Dort hielt der Teufel Mahl!«

Tatsächlich handelt es sich um Buntsandstein, der vor ca. 250 Millionen Jahren entstand. Durch Erosion wurden die weicheren Schichten abgetragen, während der sehr harte Felsenkern bis heute stehen geblieben ist. Sein Gewicht wird auf über 280 Tonnen geschätzt. Die »Tischplatte« ist knapp vier Meter dick und rund 50 Quadratmeter groß. Ganz in der Nähe gibt es auch noch weitere besondere Felsformationen zu entdecken, etwa »Teufels Kochlöffel«.

TIPPS & INFOS

ANREISE: Die Gemeinde Hinterweidenthal hat einen »Erlebnispark Teufelstisch« mit Lehrpfad, Spielplätzen u. v. m. geschaffen. Anfahrt über die B 10 aus Richtung Pirmasens oder Landau, dann abbiegen auf die Hauptstraße (427), gleich rechts in die Bahnhofstraße und bis zur Straße Im Handschuhteich mit Parkplatz.

UNTERKUNFT: Wer an dieser Gegend Gefallen gefunden hat, kehrt am besten im Hotellandgasthof Am Teufelstisch in direkter Nähe zum Felsen ein. Hier gibt es gutbürgerliche Küche, einen Biergarten und einladende Zimmer (www.am-teufelstisch.de).

INFO: www.hinterweidenthal.de

Durch das Schwarze Moor
in der Rhön führen Holzstege.

Wunderschön und gar nicht gruselig präsentieren sich die Heidelandschaften im Schwarzen Moor.

27 DAS SCHWARZE MOOR

Sagenhafte Rhön

Einsam recken sich Bäume in die Höhe, Grasbüschel neigen sich im Wind, Wasser sickert aus dem schwarzen Boden, bleich schlängelt sich ein Holzbohlenpfad durch die Landschaft, die wirkt wie von einem anderen Planeten … Ohne Frage, das Schwarze Moor in der bayerischen Rhön ist ein ganz besonderer Ort. Mit 66 Hektar handelt es sich hierbei um den größten Komplex aus Niedermooren und um eine der bedeutendsten Landschaften ihrer Art in Mitteleuropa.

Da überrascht es nicht, dass diese atmosphärische, etwas unheimlich anmutende Region eng mit Sagen und Legenden verknüpft ist. So erzählt man sich, dass es einst ein schönes Dorf im Moor gegeben haben soll. Seine Tage waren jedoch gezählt, weil die Einwohner sündhaft lebten und ihr Verhalten auch nicht ändern wollten. Da tat sich plötzlich ein schwarzer See auf, der das Dorf verschluckte – zurück blieben eine dicke Moordecke und tiefe, wassergefüllte Löcher. Bis heute soll man aus diesen Löchern die Glocken des Dorfkirchturms und das Krähen der Hähne hören.

Die Entstehung des Moors selbst geht ebenfalls auf eine Sage zurück: Der Teufel soll Wasser vom Meer aus unterirdisch bis in die Rhön geleitet haben. Eigentlich wollte er die Täler fluten, die Menschen aber beteten um Gnade. Der Teufel brach wütend sein Vorhaben ab, und zurück blieb das Moor.

Auch soll die Moorlandschaft den umliegenden Dörfern dazu gedient haben, das Wetter vorherzusagen: Wenn das Wasser in den Seen, den sogenannten Mooraugen, Wellen schlug, hieß es, dass irgendwo die Erde bebte. Die Landschaft hat sogar ein eigenes Klima, das als eher rau und kalt gilt; im Jahresmittel werden kaum mehr als 9 °C erreicht.

Seinen Namen erhielt das Schwarze Moor von einem Naturforscher. In einer Schrift aus dem frühen 19. Jahrhundert erklärte er, dass eine bestimmte Moosart, die wegen ihrer Farbe dem nahen Roten Moor seinen Namen gab, zwar auch im Schwarzen Moor wachse, wegen des hohen Wassergehalts aber schnell wieder verschimmle. Wegen der hier vorherrschenden schwarzen Pflanzen nannte er das Gebiet »Schwarzes Moor«.

»DAS SCHWARZE MOOR ZÄHLT ZU DEN SCHÖNSTEN GEOTOPEN BAYERNS UND IST WEGEN SEINER EINZIGARTIGKEIT STRENG GESCHÜTZT.«

TIPPS & INFOS

AKTIV: Kennenlernen kann man das Moor über den Naturlehrpfad, der über gut ausgebaute Holzstege 2,5 km weit durch das Gebiet führt (übrigens barrierefrei). 23 Infotafeln vermitteln viel Wissen über die einmalige Tier- und Pflanzenwelt (www.rhoen.de).

AUSSICHT: Die Rhön von oben kann man wunderbar von »Noahs Segel« aus in sich aufnehmen – mehr als 20 m über dem Boden! Die spektakuläre Aussichtsplattform befindet sich rund 12 km vom Naturlehrpfad entfernt in Thüringen (www.noahs-segel.de).

INFO: www.biosphaerenreservat-rhoen.de

28 HUBERTUSKAPELLE

Im Ebersberger Forst spukt es

Wer hierher kommt, braucht starke Nerven, denn hier geistert die Weiße Frau umher. Dabei ist die weiß gestrichene Hubertuskapelle im Ebersberger Forst, rund 30 Kilometer östlich von München, ganz unscheinbar. Doch schon lange erzählt man sich von diesem Ort Spukgeschichten, die sogar schon ein japanisches Filmteam interessierten.

Die Legende von der Weißen Frau ist ein eher moderner Mythos. Hier an der Straße soll früher einmal eine Frau von einem Auto angefahren worden sein – der Autofahrer beging Fahrerflucht und ließ die stark verletzte Frau am Straßenrand zurück. Sie starb allein und verängstigt. In manchen Erzählungen sind auch die Kinder der Frau auf diese schreckliche Art ums Leben gekommen. Seitdem soll mehreren Autofahrern an dieser Stelle eine hell gekleidete Frau erschienen sein – und zwar als Anhalterin. Gruselig: Wer nicht anhält – so will es diese urbane Legende –, dem erscheint die Frau plötzlich auf dem Rücksitz im Auto. Auch von seltsamen Irrlichtern im Wald wurde schon berichtet.

Ob sich dieser Mythos zu einem realen Vorfall zurückverfolgen lässt, ist unklar. Bis in die 1980er-Jahre hinein kam es auf der Straße, an der die Hubertuskapelle steht, jedoch immer wieder zu Verkehrsunfällen – 1985 rammte ein Fahrzeug sogar die Kapelle. Danach wurde an der Straße gearbeitet und die Kurve entschärft, sodass seitdem weniger Unfälle passieren. Die Weiße Frau hält die Menschen jedoch weiterhin so sehr in Atem, dass es sogar eine Horrorfilmserie darüber gibt.

TIPPS & INFOS

ANREISE: Die Hubertuskapelle steht als Wegkapelle an der SS 2080 zwischen Ebersberg und Schwaberwegen. Man findet sie dort, wo der Scheibenweg von der Straße abzweigt. Dieser Weg war früher eine Route für das Salz, das in Scheiben geschnitten Richtung München transportiert wurde.

AKTIV: Der Ebersberger Forst ist trotz dieser schauerlichen Erzählung ein schönes, 90 ha großes Waldgebiet, das kaum von Gebäuden oder Straßen gestört wird. Toll für die ganze Familie ist der 3 km lange Walderlebnispfad, auf dem sich Wildtiere beobachten lassen. Spielplätze gibt es auch (www.ebersberger-forst.com).

INFO: www.muenchen.de/freizeit

Besser nicht anhalten:
Im Ebersberger Forst geht eine Weiße Frau um!

Morgenstimmung unterhalb des Belchen (links). Auf Panoramawegen kann man den schönsten Berg des Schwarzwalds erkunden (rechts).

29 DER BELCHEN

Sonnenkalender im Schwarzwald

Er ist nicht der höchste, aber der wohl schönste Berg im Schwarzwald: der 1414 Meter hohe Belchen zwischen Münstertal, Wieden und Böllen. Seine Kuppe ist frei von Bäumen und besonders markant.

Schon sein Name verrät, dass es mit ihm etwas Besonderes auf sich hat: Er ist keltischen Ursprungs und bedeutet »der Strahlende«. Mehrere Berge in der Umgebung tragen denselben Namen: der Elsässer Belchen (1247 m) in den französischen Vogesen, der nahe Kleine Belchen (1272 m) sowie der Schweizer Belchen (1099 m). Es heißt, dass die Erhebungen, die alle nicht einmal 100 Kilometer voneinander entfernt stehen, den Kelten vor über 2000 Jahren als riesiger Sonnenkalender gedient haben sollen.

Die Vermutung liegt nahe: Vom Elsässer Belchen aus konnten alle vier Jahreszeiten bestimmt werden. Von hier aus gesehen geht die Sonne genau über dem Belchen im Schwarzwald am Frühlings- sowie am Herbstanfang auf, zur Wintersonnenwende erhebt sich die Sonne wiederum über dem Schweizer Belchen. Über dem Großen Belchen (1424 m) in Frankreich geht die Sonne am 1. Mai auf. Der Schwarzwälder, der Elsässer und der Schweizer Belchen bilden zudem ein perfektes rechtwinkliges Dreieck.

Zwei Heimatforscher hatten die Zusammenhänge zwischen den fünf Erhebungen in den 1980er-Jahren festgestellt. Vermutlich wurden die Berge nach dem keltischen Gott Belenus benannt, dem Gott des Lichts, dessen Feiertag am 1. Mai begangen wurde.

TIPPS & INFOS

AUSSICHT: Er ist der Panoramaberg: Auf dem Gipfel des Belchen wird man mit einem unvergleichlichen Rundumblick über den Schwarzwald belohnt. Wer keine Lust auf den Aufstieg hat, nimmt einfach die Seilbahn, die in 4 Minuten 260 m Höhenunterschied überbrückt (www.belchen-seilbahn.de).

EINKEHR: Der Belchen belohnt nicht nur mit seiner Aussicht, im Restaurant Belchenhaus locken auch deftige Speisen. Ob im Winter oder im Sommer: Draußen sitzen lohnt sich (nur Barzahlung möglich; www.belchen-seilbahn.de).

INFO: www.hochschwarzwald.de/erleben/ausflugsziele

Efeuumrankt: das Märchenschloss Reinhardsbrunn

30 SCHLOSS REINHARDSBRUNN

Märchenschloss mit Landesgeschichte

Ein mit Efeu umrankter Turm, Spitzbogenfenster, Balkone, die Ruinen eines alten Klosters: Wer Schloss Reinhardsbrunn in Friedrichsroda im Landkreis Gotha sieht, dem fällt sofort das Wort Märchenschloss ein. Das große Ensemble mitten in einem malerischen Park wurde im 11. Jahrhundert als Hauskloster der Thüringer Landgrafen gegründet.

Es ist ein zentraler Ort für Thüringen, da hier Landesgeschichte geschrieben wurde: Hier hat der Freistaat seine Wurzeln, von hier aus wurden im frühen Mittelalter viele Geschicke des Landes gesteuert. Auch Martin Luther soll mehrmals die Anlage besucht und sich unerkannt mit Mönchen getroffen haben. Umso unbegreiflicher ist es heute, dass dieses prachtvolle Gebäude schon lange leer steht. Bereits das Kloster verfiel wenige Jahrhunderte nach seiner Gründung, bevor auf seinen Ruinen im 19. Jahrhundert die heutigen Schlossgebäude errichtet wurden. Seit den 1950er-Jahren wurde das Gebäude als Hotel genutzt, stand dann jedoch lange leer. Nach einem jahrelangen Rechtsstreit gehört die Anlage jetzt wieder dem Land Thüringen, das sie umfassend sanieren möchte.

Besonders sehenswert ist der Landschaftspark mit vielen romantischen Elementen und teilweise exotischem Baumbestand. Führungen durch den Park werden regelmäßig angeboten.

TIPPS & INFOS

EINKEHR: Keine 2 km vom Schloss entfernt, südlich vom Gelände an der Schmalkalder Straße wartet das Café Waldschlösschen auf Gäste. Seit den 1950er-Jahren werden in dem gemütlichen Haus mit eigener Konditorei und Restaurant Leckermäuler verköstigt. Bei schönem Wetter hat der Biergarten geöffnet (www.cafewaldschloesschen.de).

SEHENSWERT: Rund 2 km in westlicher Richtung vom Schloss liegt die Marienglashöhle, eine sehenswerte, 1778 entdeckte Schauhöhle. Das Naturdenkmal ist durchzogen von zahlreichen glitzernden Gipskristallen. Die Thüringerwaldbahn fährt hier vorbei, eigene Haltestelle inklusive (www.marienglashoehle-friedrichroda.de).

INFO: www.schloss-reinhardsbrunn.de

Wie ein versteinerter Riese wirkt dieser Fels der Teufelsmühle im Bayerischen Wald.

31 DIE TEUFELSMÜHLE

Verzauberte Felsen im Bayerischen Wald

Rund 100 Kilometer lang und bis zu 1450 Meter hoch: Der Bayerische Wald an der Grenze zu Tschechien und Österreich ist eine wunderschöne Region und ein beliebtes Urlaubsziel. Er beherbergt außerdem den ersten deutschen Nationalpark. Hier, in der Urlaubsregion St. Englmar, liegt der kleine Erholungsort Rattenberg, von dem ein Wanderweg zu einem wahrhaft teuflischen Ort führt.

Schon wer die Felsformation Teufelsmühle sieht, mag an mystische Geschehnisse glauben. Wie versteinerte Riesen schrauben sich die dunklen Felsen in die Höhe, überwachsen mit Moos und Flechten. Schatten scheinen Gesichter in den Stein zu zeichnen.

Man erzählt sich, dass ein armer Müller einst nicht weit entfernt von hier lebte. Eines Tages erschien dem Mann der Teufel und bot ihm einen Handel an. Er wollte ihm eine neue Mühle schenken. Im Gegenzug sollte der Müller jede Woche ein Goldstück in einen Stiefel legen. Wäre der Stiefel voll, würde der Teufel kommen und sich die neue Mühle holen – und den Müller. Der aber war schlau: Zwar warf er jede Woche ein Goldstück in den Stiefel, dieser hatte jedoch ein Loch, sodass er sich nie füllte. Als der Teufel diesen Trick entdeckte, warf er zornig einen Felsen auf die Mühle. Bevor er in die Hölle hinabstieg, hinterließ er noch Abdrücke seines Fußes und seines Ellenbogens im Felsen.

TIPPS & INFOS

ANREISE: Von der A2 kommend die Ausfahrt Straubing nehmen und auf der B 20 Richtung Cham bis Stallwang fahren, dann rechts Richtung Konzell abbiegen. Hier links Richtung B 85 bis zur Abzweigung Rattenberg nach rechts. Am besten ist die Felsformation von Rattenberg aus zu erkunden, vom Dorfplatz führt der Wanderweg Nr. 2 dorthin (ca. 2 km).

UNTERKUNFT: Heimatmuseum, Burgruine, viel Natur: Der hübsche Ort Rattenberg bietet viel Abwechslung. Mitten im Ort liegt der Bauernhof der Familie Santl mit mehreren geschmackvoll eingerichteten, gemütlichen Ferienwohnungen (www.ferienhof-santl.de).

INFO: www.rattenberg.de/teufelsmuehle

TOTE IN MOOR UND STEIN

Moorlandschaften wie in Windeby konservieren organisches Material besonders gut.

Deutschlands berühmteste Leichenfunde

Neben der »Moorleiche von Windeby« gibt es viele weitere berühmte Leichname, die in Deutschland gefunden wurden und uns einen Blick in die Vergangenheit ermöglichen. Vor allem in Moorgebieten werden immer wieder spektakuläre Funde gemacht, da Moorboden besonders organisches Material gut konserviert.

Der bahnbrechende Fund

An erster Stelle ist natürlich der Neandertaler zu nennen, der ausgestorbene Verwandte des Homo sapiens. Gefunden wurden erste Knochenstücke im Neandertal bei Mettmann, Nordrhein-Westfalen. 1856 entdeckten Arbeiter die Knochen in einem Steinbruch.

Der Naturforscher Johann Carl Fuhlrott konnte die 16 Knochenstücke schließlich untersuchen und kam zu dem Ergebnis, dass es sich um eine vorzeitliche Form des heutigen Menschen handelte. Ausgrabungen 1997 und 2000 brachten Überreste von drei Neandertalern zum Vorschein. Fundorte des »Homo neanderthalensis« liegen unter anderem in Spanien, Portugal, Frankreich, Israel und der Türkei.

Das Neanderthal-Museum in Mettmann macht vier Millionen Jahre Menschheitsgeschichte für die ganze Familie zum Erlebnis (www.neanderthal.de).

Die älteste Moorleiche

Im Landkreis Nienburg / Weser ist im Jahr 2005 eine archäologische Sensation gefunden worden: die über 2600 Jahre alte Leiche eines Teenager-Mädchens. »Moora« gilt als eine der ältesten Funde in Europa und als der älteste in Niedersachsen. Im Jahr 2000 entdeckte ein Torfstecher Teile des Leichnams. Die Polizei ging zunächst von einem ungelösten Kriminalfall aus. Das änderte sich, als Torfarbeiter fünf Jahre später eine Hand an derselben Stelle im Moor fanden. Der hinzugerufene Landesarchäologe zählte eins und eins zusammen – und so fand beinahe das komplette Skelett des »Mädchens von Uchte« wieder zueinander. »Moora« ist immer wieder in Sonderausstellungen zu sehen.

Der bekannte Rote Franz

Eine der bekanntesten Moorleichen ist der Rote Franz, der im Jahr 1900 bei Meppen im Emsland im Bourtanger Moor gefunden wurde. Den bedeutenden Fund machten zwei Kinder in nur 50 Zentimetern Tiefe.

Durch Zufall erfuhr das Hannoveraner Provinzialmuseum von dem Fund, der so für die Nachwelt konserviert werden konnte. Eine 1901 in der Nähe des Fundorts entdeckte grüne Stoffdecke wurde als bedeutungslos gewertet und entsorgt. Der Rote Franz, der seinen Spitznamen wegen seiner welligen, roten Haare bekam, ist im Niedersächsischen Landesmuseum in Hannover zu sehen (www.landesmuseum-hannover.de).

Der früheste Fund

Das »Mädchen aus dem Bareler Moor« im Landkreis Oldenburg ist der früheste Fund einer Moorleiche in Deutschland,

Moorleiche im Torfmuseum Schloss Landestrost

bei dem Körperteile gefunden wurden. Entdeckt wurden die ersten Leichenteile 1784 von Torfstechern. Ein Forstmeister ließ weitere Grabungen anstellen.
Teile der Leiche wurden für Untersuchungen an verschiedene Institute in Europa geschickt. Dabei gingen etliche von ihnen verloren. Das 14- bis 16-jährige Mädchen lebte zwischen 260 und 395 nach Christus.

»Rosalinde«, ein Ausnahmefund in Bayern

Eine der wenigen Moorleichen, die in Bayern gefunden wurden, ist die Frau von Peiting oder »Rosalinde«. Sie wurde beim Torfstechen im Jahr 1957 in der Gemeinde Peiting gefunden. Zunächst dachte der Torfarbeiter, er hätte eine Schatzkiste ausgegraben, weil die Leiche in einem Holzsarg bestattet worden war. Der Fund wird auf das 14. oder 15. Jahrhundert datiert.
Jahrelang wurde »Rosalinde« im Textilmuseum im schleswig-holsteinischen Neumünster ausgestellt. 2007 kehrte sie nach Bayern zurück. Im Bayerischen Moor- und Torfmuseum in Rottau wird eine Nachbildung der Frau von Peitting gezeigt (www.museum-torfbahnhof.de). Das Original der Moorleiche kann man mittlerweile in der Archäologischen Staatssammlung, München besichtigen (www.archaeologie-bayern.de).

Lebendiges Moor in Eppendorf

Nacht in Hamburg am Fischmarkt:
Dunkle Wolken liegen über der schwarzen Elbe.

GEHEIMNISVOLLE STADT

Orte mit Unterwelten, die es zu entdecken lohnt

Städte sind besondere Orte. Sie verbinden Tradition und Moderne, Menschenmassen und Einsamkeit, die Größe der Welt und die Enge von Häuserschluchten und kleinen Wohnungen. Eine Stadt schläft niemals, und doch kann man sich in ihr unentdeckt bewegen. Das macht sie zum perfekten Ort für einige wahrhaft albtraumhafte Geschichten.

Städte gehen uns alle etwas an: Die große Mehrheit der Deutschen, deutlich über 75 Prozent der Bevölkerung, lebt in einer Stadt. Wer hier wohnt, schätzt die kurzen Wege, das reiche kulturelle Angebot und vielleicht auch den Umstand, dass man seinen Nachbarn nicht unbedingt kennt.

Städte stecken voller wundersamer, aber auch gruseliger Überraschungen: unbekannte Kneipen, idyllische Parks und Ruhestätten, geschichtsträchtige Orte. Städter wissen nie genau, was sie beim Gang um die nächste Ecke erwartet: Der Hinweis auf ein uraltes Märchen, eingelassen in den Boden? Die Erinnerung an einen Serienmörder, der hier vor etlichen Jahren sein grausames Werk verrichtete? Unsere Städte sind voller Mythen und unentdeckter Unterwelten, voller Geister, deren Schatten durch enge Gassen huschen – wenn wir uns nur trauen, genau genug hinzusehen.

DIE TOP 5 MYTHOS-SPOTS IN DER STADT

Reeperbahn, Hamburg – Geschichte, Rotlicht und Vergnügen: Diese Straße hat alles zu bieten (www.reeperbahn.de).

Spreepark, Berlin – Der einstige Vergnügungspark der DDR ist ein Must-See für alle Fans von schaurig schönem Verfall (www.spreepark.berlin).

Historischer Friedhof, Weimar – Sein größtes Rätsel wurde bis heute nicht gelöst (www.klassik-stiftung.de/fuerstengruft).

Michaelskapelle, Oppenheim – Hier liegen im Beinhaus Knochen und Schädel von über 20 000 Verstorbenen (www.stadt-oppenheim.de).

Frauenkirche, München – Das einzigartige Gotteshaus lockt mit einer teuflisch spannenden Vergangenheit (www.muenchner-dom.de).

Hamburgs sündigste Meile und pulsierendes Herz: die Reeperbahn

»DIE REEPERBAHN DIENTE FRÜHER DER HERSTELLUNG VON SCHIFFSTAUEN: DIE REEPSCHLÄGER BRAUCHTEN HIERFÜR GERADE STRAßEN.«

Berühmt-berüchtigt: die Davidwache

32 AUF DER REEPERBAHN

Nicht nur Hamburgs sündigste Meile

Diese 930 Meter stehen wie sonst keine Straße für Verbrechen, Vergnügen und Frevel: Die Reeperbahn ist das pulsierende Herz des kernigen Hamburger Stadtteils St. Pauli. Wegen ihrer Fülle an Kneipen, Bars und Clubs wird sie »die sündigste Meile der Welt« genannt. Hier hat sich eine einzigartige Mischung aus Kneipen und Kultur, Nachtklubs und Nahversorgern, aus Sehen und Gesehenwerden entwickelt, getrieben von Kultorten wie der Kneipe Zur Ritze – inklusive Boxkeller – oder Europas ältestem Sado-Maso-Club.

So viel Rotlicht zieht natürlich auch Kriminelle an. In den 1980er-Jahren tobte z.B. ein regelrechter Zuhälterkrieg auf dem Kiez. Traurige Berühmtheit erlangte Werner Pinzner, ein Auftragsmörder, der als »St.-Pauli-Killer« bekannt wurde. Wie viele Menschen er umbrachte, ist bis heute unklar. Während einer Vernehmung im Jahr 1986 auf dem Polizeipräsidium erschoss er den Staatsanwalt, seine Frau und schließlich sich selbst.

Berüchtigt ist auch der Serienmörder Fritz Honka, der mehrere Jahre in Hamburg lebte und vier Frauen in seine Wohnung lockte, umbrachte und zerstückelte. Einige der Opfer stammten aus dem Umfeld der Kneipe Der Goldene Handschuh in der Nähe des Spielbudenplatzes. Der Roman von Heinz Strunk und ein Film von Fatih Akin behandeln Abschnitte aus dem Leben Honkas und seiner Zeit in der Kneipe, die es bis heute gibt.

Mittendrin in all dem Trubel steht die berühmteste Polizeiwache Deutschlands, die Davidwache. Die Reeperbahn ist mit den Jahrzehnten selbst so etwas wie ein Mythos geworden, sei es durch die ersten großen Auftritte der Beatles im Star-Club in den 1960er-Jahren oder durch den bekannten Schlager »Auf der Reeperbahn nachts um halb eins« der Hamburger Legende Hans Albers. Beiden Berühmtheiten sind Plätze auf der Reeperbahn gewidmet.

Zahlreiche Touren führen über Deutschlands berühmtesten Kiez. Besonders informativ und atmosphärisch ist die historische Krimitour, die abends durch St. Pauli und damit durch rund 100 Jahre Hamburger Kriminalfälle leitet (Tickets gibt es z. B. unter www.hamburg.de).

TIPPS & INFOS

EINKEHR: Sorgenbrecher, Silbersack, Zur Ritze oder die Hans-Albers-Klause: Entlang der Reeperbahn gibt es so viele klassische Kiezkneipen, dass es müßig wäre, sie alle aufzuzählen. Wer sich in urigster Atmosphäre entspannen will, sollte in einer von ihnen auf jeden Fall Halt machen. Einen guten Überblick über die besten Anlaufpunkte gibt es unter www.reeperbahn.de/kneipen.

UNTERKUNFT: Was würde besser zu einem Besuch mitten in Hamburg passen als eine Übernachtung auf einem berühmten Schiff mitten auf dem Wasser? Die »Cap San Diego« direkt an den Landungsbrücken, keine 2 km von der Reeperbahn entfernt, macht es möglich (weitere Infos unter (www.capsandiego.de/schiff/hotel).

INFO: www.reeperbahn.de

Wahrzeichen mit riesiger Grabkammer: Hamburgs Michel

33 DIE KRYPTA

Grabkammern im Hamburger Michel

Wahrscheinlich kennt jeder den Michel, die Kirche St. Michaelis mitten in Hamburg, Wahrzeichen der Hansestadt und eine der bedeutendsten Barockkirchen des Landes. Aber wer weiß schon, dass unter der Kirche mit dem markanten Turm eine der größten Grabkammern Europas liegt?

Ein Besuch in dieser Krypta lohnt sich unbedingt, denn der rund 300 Quadratmeter große Raum verbreitet eine ganz besondere Atmosphäre: Getragen von vielen steinernen Säulen, spannt sich eine weiße Decke über den weitläufigen Steinboden, auf dem jeder Schritt widerhallt. Der Blick nach unten offenbart: Man wandelt auf den Grabplatten von rund 2000 Verstorbenen, die hier Ende des 18. bis Mitte des 19. Jahrhunderts ihre letzte Ruhe fanden. Ihre Särge wurden in den schlichten Grabkammern unter dem Boden eingelassen. Meist waren es wohlhabende Familien, die sich solch eine Ruhestätte leisten konnten. Eine Ausstellung zeigt, welche Beigaben in die Gräber gelegt wurden.

Doch auch jenseits der Grabstätten ist die Krypta sehenswert. Das zeigt allein ihr Eingangsbereich, in dem Fundstücke aus der bewegten Geschichte der Kirche ausgestellt sind, u. a. zerstörte Bronzeglocken. Zweimal brannte Hamburgs Wahrzeichen bis auf die Grundmauern nieder. Daran erinnert hier unten heute noch ein verkohlter Holzbalken, dessen Holzschnitzerei – ein Engelsgesicht – unversehrt blieb.

TIPPS & INFOS

AUSSICHT: Fast 10 Jahre Bauzeit, explodierende Kosten, eine einzigartige Akustik: Die Elbphilharmonie, liebevoll »Elphi« genannt, ist das neue Herzstück der Hafencity. Wer kein Konzertticket abbekommt, muss nicht traurig sein: Allein die Aussicht von fast 40 m Höhe ist atemberaubend (www.elbphilharmonie.de)!

SEHENSWERT: Ob Winterwelten, eine riesige Kirmes oder ein ganzer Flughafen: Das »Miniatur Wunderland« in der Hafencity erschafft kleine Welten mit viel Herzblut und Liebe zum Detail. Wer nicht warten will, reserviert am besten vorher Tickets (www.miniatur-wunderland.de).

INFO: www.st-michaelis.de

In Bremen steht eine Statue der berühmten Stadtmusikanten.

34 DIE STADTMUSIKANTEN

Das berühmteste Märchen aus Bremen

Es ist das vielleicht bekannteste Märchen Deutschlands: das der vier Bremer Stadtmusikanten. Die vier Tiere gibt es auf Tassen, Bettwäsche, als Figuren, Filme und Hörspiele, und sie sind in der ganzen Welt beliebt. Dabei vergisst man leicht, dass das Märchen einen traurigen Anfang nimmt.

Den Beginn macht der Esel, der zu alt für seine Dienste geworden ist und deshalb geschlachtet werden soll. Er wünscht sich jedoch, Stadtmusikant im nahen Bremen zu werden, und verlässt seinen Hof. Nach und nach trifft er auf drei weitere Tiere: den Hund, die Katze und den Hahn. Auch sie sind schon alt und daher dem Tod geweiht. Doch sie stemmen sich gegen ihr Schicksal und gehen mit dem Esel mit. Nach Bremen kommen die Tiere – trotz ihres Namens – allerdings nie: Auf ihrem Weg finden sie eine Räuberhütte im Wald. Gemeinsam vertreiben sie die Räuber, indem sie sich auf den Rücken des jeweils anderen stellen und einen lauten Gesang anstimmen. Anschließend gefällt ihnen die Hütte so gut, dass sie beschließen, dort zu leben. Diese Tierfabel über Mut und Zusammenhalt wurde erstmals von den Gebrüdern Grimm im Jahr 1819 in der Sammlung »Kinder- und Hausmärchen« veröffentlicht. Seit 1953 erinnert eine Bronzestatue im Herzen Bremens an der westlichen Seite des Rathauses an sie. Die blank geriebenen Stellen zeigen: Es soll Glück bringen, beide Beine des Esels zu berühren.

TIPPS & INFOS

EINKEHR: Nirgendwo kann man besser in Bremen eine Pause einlegen als an der »Schlachte«, der schön gestalteten Uferpromenade der Weser in der Innenstadt. Hier reihen sich Cafés, Restaurants und Biergärten aneinander. Einen Überblick über die volle Auswahl gibt es unter www.schlachte.de.
SEHENSWERT: Noch nicht genug vom maritimen Flair? Dann bietet das »Theaterschiff« auf der Weser die perfekte Abwechslung am Abend. Das umgebaute geräumige Schiff mit zwei Sälen liegt am Anleger 4 nahe der Wilhelm-Kaisen-Brücke und bietet einen abwechslungsreichen Spielplan (www.theaterschiff-bremen.de).
INFO: www.bremen.de/tourismus

Bremen hat auch malerische Seiten, hier z. B. im berühmten Schnoor-Viertel.

Utensilien einer Giftmischerin:
Gesche Gottfried
verwendete Arsenikpulver.

35 GESCHE GOTTFRIED

Die Giftmischerin von Bremen

Bekannt geworden ist sie als der »Engel von Bremen«, dabei brachte sie den Tod und wurde zu einer der berühmtesten Serienmörderinnen Deutschlands: Gesche Gottfried. Geboren 1785, wuchs sie in ärmlichen Verhältnissen als Tochter eines Schneidermeisters in der Hansestadt auf. Die Armut konnte sie 1806 hinter sich lassen, als sie den Sattlermeister Johan Miltenberg heiratete, der Geld besaß, aber auch verschwenderisch lebte. Sie bekam fünf Kinder mit ihm. Lange kümmerte sie sich um kranke und sterbende Menschen, sodass sie zunächst zu ihrem engelhaften Beinamen kam.

Es war ihre Mutter, die Gesche Gottfried eines Tages eine Tüte mit Arsenikpulver schenkte, um eine Mäuseplage zu bekämpfen. Danach häuften sich die Unglücksfälle um Gesche Gottfried: Ihr Mann starb, ihre Kinder, auch Freunde, ihr Zwillingsbruder wurde schwer krank und verschied – Gesche Gottfried schien vom Pech verfolgt. Aufopferungsvoll kümmerte sie sich um die Kranken und die Sterbenden, wie sie es zuvor schon jahrelang bei Fremden getan hatte.

Erst Gottfrieds späterer Vermieter wurde schließlich misstrauisch. Er begann, stärker auf Details zu achten – und als er sein Essen inspizierte, fielen ihm tatsächlich weiße Kügelchen darin auf. Diese ließ er von einem Arzt untersuchen, der eine schockierende Entdeckung machte: Hierbei handelte es sich um das Gift Arsen, auch bekannt unter dem unrühmlichen Beinamen »Erbschaftspulver«.

Gesche Gottfried, der einstige »Engel«, wurde überführt und wurde im Jahr 1828 verhaftet. Nachweislich vergiftete sie 15 Menschen, darunter auch ihre eigenen, teils noch sehr jungen Kinder. Sie brachte ihren zweiten Ehemann um, den Weinhändler Christoph Gottfried, indem sie ihm regelmäßig Arsenikpulver in den Wein mischte. Ihren Verlobten, den Modewarenhändler Paul Thomas Zimmermann, tötete sie mit »Mäusebutter«, einer Mischung aus Arsen und Butterschmalz, die eigentlich die Nager bekämpfen sollte.

Gesche Gottfried wurde im Jahr 1831 auf dem Schafott hingerichtet. Warum sie die zahlreichen Morde beging, ist bis heute unklar.

»GOTTFRIEDS WAR DIE LETZTE ÖFFENTLICHE HINRICHTUNG IN BREMEN. DER ›SPUCKSTEIN‹ AUF DEM DOMSHOF ERINNERT HEUTE NOCH AN IHRE TATEN.«

TIPPS & INFOS

SEHENSWERT: Kein Bremen-Besuch ist komplett ohne einen Abstecher in den berühmten Schnoor, nur wenige Hundert Meter vom wuseligen Marktplatz entfernt. Das malerische Viertel, dessen Ursprünge bis ins Mittelalter zurückgehen, glänzt durch viele zauberhafte Läden und zahlreiche Cafés und Restaurants (www.bremen-schnoor.de).

SPEZIALITÄT: Würziges Lakritz, zartes Karamell, kunterbunte Bolschen: Leckermäuler müssen im Schnoor unbedingt bei der Bremer Bonbon Manufaktur vorbeischauen. Die Werkstatt in der Marterburg 30 zeigt, wie die Köstlichkeiten hergestellt werden, und bietet auch Seminare und Events an (www.bremer-bonbon-manufaktur.de).

INFO: www.bremen.de/gesche-gottfried

Alleen und Engelsfiguren: Friedhof Ohlsdorf in Hamburg (unten). Auf dem Dorotheenstätischen Friedhof in Berlin liegen viele Berühmtheiten begraben (rechts).

36 FRIEDHOF OHLSDORF

Atmosphärischer Park in Hamburg

Hier kann man sich leicht verlaufen: Der Friedhof Ohlsdorf in Hamburg ist der größte Parkfriedhof der Welt. Beinahe 400 Hektar groß ist die Anlage, was ungefähr 370 Fußballfeldern entspricht. Ohlsdorf ist damit die größte Grünfläche der Hansestadt.

Der Friedhof ist bekannt für seine besondere Atmosphäre, zu der seine Artenvielfalt beiträgt: Über 450 verschiedene Laub- und Nadelbaumarten wachsen hier. Besonders wohl fühlt sich auch die Vogelwelt, da der Park neben viel Grün auch Teiche und Bäche zu bieten hat. Der Friedhof ist als Park so beliebt, dass er mittlerweile sogar über eine eigene App verfügt – die Friedhof-Ohlsdorf-App führt durch die Anlage und zeigt z. B. die rund 580 Prominentengräber auf.

Lange Alleen, geschwungene Wege, rauschende Bäume, moosüberwachsene Engelsfiguren: Dieser Park sucht seinesgleichen. Die Idee des ersten Friedhofsdirektors war im Jahr 1877, dass jeder Verstorbene seine letzte Ruhe in einem eigenen grünen Paradies finden sollte. Gleichzeitig sollten die Lebenden hier einen besonderen Ort der Besinnung wiederfinden – und das ist auch heute noch so. Hier liegen reiche Kaufleute, Kriegsopfer, Schauspieler, Politiker, Künstler. Ohlsdorf erzählt aber auch die Geschichte der Stadt, ja, die Geschichte des ganzen Landes: Riesige Gräberfelder sowie ein Sammelgrab zeugen von den Schrecknissen beider Weltkriege.

TIPPS & INFOS

ANREISE: Wer mit der Bahn kommt, nimmt von einem der drei Fernbahnhöfe (Hauptbahnhof, Altona, Dammtor) die S1 in Richtung Ohlsdorf. Der Haupteingang liegt in der Fuhlsbütteler Straße. Die Anlage hat 4 Ein- und Ausgänge. Der Friedhof kann befahren werden und verfügt über 17 km Straßennetz.

SEHENSWERT: Keine 4 km vom Friedhof entfernt befindet sich der Flughafen Hamburg. Der moderne Airport ist mit einer Modellschau, Führungen und drei Aussichtsterrassen auch für alle ein Erlebnis, die nicht in die Ferne schweifen (www.hamburg-airport.de).

INFO: www.friedhof-hamburg.de/die-friedhoefe/ohlsdorf

»SEIT 1983 STEHT DIE GESAMTE ANLAGE UNTER DENKMALSCHUTZ. VIELE GRABMALE WURDEN SEITDEM AUFWENDIG RESTAURIERT.«

37 DER DOROTHEENSTÄDTISCHE FRIEDHOF

Wo die Berliner Elite ruht

Unglaubliche 17 000 Quadratmeter groß, voller bedeutender Grabmale, Kunstinstallationen und die letzte Ruhestätte zahlreicher Promis: Der Dorotheenstädtische Friedhof in Berlin ist einer der bekanntesten Friedhöfe Deutschlands.

Seit 1770 werden hier Menschen bestattet, anfangs vor allem einfache Bürger. Da sich in der Nähe jedoch viele wichtige Akademien und Institutionen der Stadt befanden, wurden hier nach und nach auch berühmtere Menschen zu Grabe getragen, und immer wieder musste der Friedhof erweitert werden. In teils imposanten und wunderschönen Grabanlagen liegen hier Architekten, Philosophen, Schauspieler und Politiker. Besuchen kann man z. B. die Ruhestätten des Philosophen Hegel oder des Schriftstellers Brecht.

Ab Mitte des 18. Jahrhunderts gingen Berlin die Friedhöfe aus: Die vorhandenen waren übervoll, neue Ruhestätten mussten geschaffen werden. Zur gleichen Zeit war jedoch Bauland sehr gefragt und Platzmangel vorprogrammiert. Wohnungen und Häuser sollten aus Angst vor Seuchenübertragung auch nicht direkt neben Friedhöfen liegen. Friedrich der Große stellte schließlich Flächen außerhalb der Stadtmauern Berlins zur Verfügung; in dieser Zeit entstanden neben dem Dorotheenstädtischen Friedhof auch zahlreiche weitere Ruhestätten.

TIPPS & INFOS

SEHENSWERT: Der Friedhof hat mehrere Eingänge. Am Eingang in der Chausseestr. 126 steht das Brecht-Haus, in dem Bertolt Brecht lange Jahre lebte – die Räume sind im Originalzustand erhalten, Führungen erläutern Leben und Wirken des großen deutschen Dramatikers (www.lfbrecht.de).

EINKEHR: Wer bei einem guten Essen die Seele baumeln und die Füße ruhen lassen will, besucht am besten ein original italienisches Lokal: Das »Bonfini« in der Chausseestr. 15 glänzt mit tollem Ambiente inkl. Innenhof, nettem Service und authentischer Karte (www.bonfini.de).

INFO: www.berlin.de/sehenswuerdigkeiten

Skurrile Hinterlassenschaft: die ehemalige Abhörstation auf dem Teufelsberg in Berlin

38 DER TEUFELSBERG

Grüner Hügel mit Geschichte in Berlin

Eine ehemalige US-Abhörstation, geplantes Bauland für eine neue Hauptstadt der Nationalsozialisten, Lost Place mitten in Berlin: Der Teufelsberg klingt nach einem Ort wie aus einem Abenteuerroman. Die 120 Meter hohe Erhebung im schönen Forst Grunewald gibt es jedoch wirklich und sie verbindet bis heute eine besondere Atmosphäre mit einer einmaligen verrückten Geschichte.

Mit dem Beelzebub hat der zweithöchste Berg der Landeshauptstadt wenig zu tun: Er ist nach dem nahe gelegenen Teufelssee benannt. Während der Zeit des Nationalsozialismus lautete der Plan, dass hier die »Wehrtechnische Fakultät« entstehen sollte – Berlin wollte das NS-Regime damals zur »Welthauptstadt Germania« umfunktionieren. Mehr als der Fakultätsrohbau entstand jedoch nicht und nach Kriegsende wurde das Gebäude gesprengt. Weil die vielen Trümmer der Stadt irgendwohin mussten, wurde das Gelände in eine Deponie verwandelt – 25 Millionen Kubikmeter Schutt wurden zum Teufelsberg aufgetürmt.

Eine Skianlage entstand, das US-Militär nutzte den Berg vor den Toren der Stadt zudem als Abhörstation; bis heute sind die fünf weißen Radarkuppeln ein schönes wie schauriges Erkennungsmerkmal. Nach dem Kalten Krieg gaben die Amerikaner die Anlage auf. Pläne für ein exklusives Wohngebiet scheiterten. Entstanden ist eine einmalige Grünanlage, die vor allem bei Bikern, Wanderern und Skifahrern beliebt ist. Der Besuch kostet Eintritt (7 Euro für Erwachsene, ermäßigt 5 Euro).

TIPPS & INFOS

ANREISE: Die Adresse lautet Teufelsseechaussee 10. Kostenpflichtige Parkplätze gibt es am Gelände. Wer mit der Bahn anreist: Vom Hauptbahnhof die S7 Richtung Potsdam nehmen bis Haltestelle Grunewald; von hier aus sind es ca. 30 Min. Fußweg.

AKTIV: Wer in die skurrile Geschichte der gesamten Anlage eintauchen will, sollte eine Führung mitmachen, die regelmäßig mit unterschiedlichen Schwerpunkten wie Botanik oder Geschichte angeboten werden (www.teufelsberg-berlin.de).

INFO: www.berlin.de/sehenswuerdigkeiten

Im nächtlichen Nürnberg geht ein dunkles Wesen um.

39 DER NACHTGIGER

Kinderschreck aus Franken

Wehe, wenn du nicht früh genug einschläfst – dann kommt dich der Nachtgiger holen! Als Kind aus Franken kann einem diese Warnung durchaus Albträume bescheren. Das Monster wird als große schwarze Gestalt beschrieben und kann am ehesten mit dem Butzemann verglichen werden, der unartigen Kindern einen gehörigen Schrecken einjagen soll. Je nach Dialekt heißt der Nachtgiger auch Nachtgieger, Nachtgeger oder Nachdgriecher. Kinder, die frech oder nach der Schlafenszeit noch wach oder gar unterwegs sind, holt er sich am liebsten.

Das dunkle Wesen, dessen Aussehen niemand genau beschreiben kann, dringt dabei nicht in die Häuser der Menschen ein, sondern holt sich die Kinder, die er nach Einbruch der Dunkelheit im Freien und auf den Straßen antrifft. Denen ergeht es schlecht: Angeblich frisst der Nachtgiger die Kinder auf.

Die Schreckensgestalt ist in Franken bekannt – so sehr, dass in Nürnberg eine Kneipe nach ihr benannt wurde, und im beliebten Klettergebiet Nördlicher Frankenjura trägt eine schöne Kletterroute den Namen des Monsters. Auch werden Erwachsene, die nachts viel unterwegs sind, als Nachtgiger bezeichnet. »Giger« bedeutet im Fränkischen übrigens Hahn, und dem Monster werden daher auch hahnenähnliche Eigenschaften zugeschrieben, etwa als eine Gestalt mit Flügeln. Führungsbuchungen durch Nürnberg zum Nachtgiger gibt es unter www.geisterwege.de/stadtfuehrungen.

TIPPS & INFOS

AKTIV: Mit der ganzen Familie unterwegs? Der »Playmobil Fun Park« in Nürnberg bietet viel Abwechslung! In dem Freizeitpark der beliebten Kinderspielreihe kann man seine liebsten Themengebiete lebensgroß erleben, Indoor-Spielplätze inklusive (www.playmobil-funpark.de).

AUSSICHT: Von keinem Punkt aus kann man die historische Stadt Nürnburg besser von oben betrachten als von seinem Wahrzeichen: der Kaiserburg. Das etwa 1000 Jahre alte Gemäuer lockt u.a. mit Rittersaal und Burggarten, und es gibt Themenführungen (www.kaiserburg-nuernberg.de).

INFO: www.nuernberg.de

Hier fährt niemand mehr Achterbahn: im ehemaligen Spreepark in Berlin.

Dekoration statt Kinderschreck: bunte Hinterlassenschaft einstigen Vergnügens

40 DER EHEMALIGE SPREEPARK

Verlassenes Rummelvergnügen in Berlin

Das riesige Maul eines Monsters klafft einem entgegen, starr hebt sich das Riesenrad in die Höhe, Dinosaurierfiguren und die Schienen von Achterbahnen werden mehr und mehr von der Natur überwuchert. So präsentiert sich bis heute der Spreepark im Berliner Bezirk Treptow-Köpenick, einst der einzige Vergnügungspark der DDR. Es ist eigentlich schwer zu glauben, dass ein so großes Areal mitten in Berlin seinem Schicksal überlassen wird. Gleichzeitig umgibt den Park mit all seinen zurückgelassenen Attraktionen eine besondere Aura, die ihn bis heute zu einem schaurig-schönen Ausflugsziel und Fotomotiv für Berliner und Touristen macht.
Als Kulturpark Plänterwald wurde der Park im Jahr 1969 eröffnet, Anlass war das 20. Gründungsjahr der Deutschen Demokratischen Republik. Schon bald entwickelte sich das Riesenrad zu seinem Wahrzeichen. In seiner Hochzeit besuchten 1,7 Millionen Menschen pro Jahr den schön gelegenen Park zwischen Waldgebiet und Spreeufer. Auf dem rund 30 Hektar großen Stück Land gab es neben zahlreichen Fahrgeschäften auch viele Restaurants und kleinere Kirmesbuden. Nach der Wiedervereinigung wurde der Park Anfang der 1990er-Jahre nach westlichen Vorbildern umgestaltet, u. a. mit Wildwasserbahnen und Westerndorf. Zu seiner ehemaligen Beliebtheit fand er jedoch nicht zurück: Die Besucherzahlen stagnierten, der Park geriet in finanzielle Schwierigkeiten und der Betreiber musste Insolvenz anmelden. Im Jahr 2002 wurden die Tore des Parks endgültig geschlossen, das Gelände lag brach und die Attraktionen verfielen.
Seit 2009 gab es immer wieder Führungen durch den Park, die großen Anklang fanden. Mit dem Geld wurden dringend sanierungsbedürftige Fahrgeschäfte vor dem völligen Verfall bewahrt. Das Land Berlin kaufte das Gelände im Jahr 2014, um es weiterentwickeln zu können. Hier soll im Einklang mit der Natur ein Kunst-, Kultur- und Freizeitpark entstehen. Führungen über das Gelände veranstaltet die landeseigene Grün Berlin GmbH (Infos unter www.spreepark.berlin).

»EINIGE ATTRAKTIONEN SOLLEN AUCH IM NEU GESTALTETEN PARK VERWENDUNG FINDEN, WIE Z. B. DAS RIESENRAD UND DAS KINO.«

TIPPS & INFOS

ANREISE: Bahn: Vom Berliner Hbf. mit der S9 Richtung Flughafen bis Haltestelle Plänterwald, von dort sind es wenige Gehminuten. Auto: Der Park liegt im Bezirk Treptow-Köpenick. Die A 100 (aus Westen) und A 113 (aus Süden) führen zur Abfahrt Grenzallee, weiter auf dem Dammweg direkt zum Spreepark.
EINKEHR: In direkter Nähe zum Spreepark liegt das Restaurant Klipper, das in besonderer Atmosphäre auf einem Segelschiff untergebracht ist. Ob Frühstück, Kaffeepause oder Mittag- und Abendessen: Die Karte bietet viel Auswahl für jeden Geschmack (www.klipper-berlin1.jimdofree.com).
INFO: www.berliner-spreepark.de

In Jever erinnert eine Statue an die einstige Regentin Maria.

41 DIE HERRIN VON JEVER

Das Rätsel um Regentin Maria

Die Küstenstadt Jever ist für eine herausragende Frauenfigur bekannt: Maria, Herrin über das Jeverland. Geboren im Jahr 1500, war sie als Häuptlingstochter die letzte Regentin über dieses Land, dessen Eigenständigkeit sie stets im Sinn hatte. Als große Persönlichkeit wird sie auch heute noch verehrt.

Maria von Jever verstarb im Alter von 75 Jahren. Dies wurde verschwiegen, da ihr Nachfolger Zeit haben sollte, ohne den Einfluss konkurrierender Mächte aus Ostfriesland sein Amt anzutreten. Die Regentin wurde daher ohne viel Aufhebens beerdigt – wo genau sie begraben liegt, ist bis heute nicht bekannt.

Damit feindliche Spione keinen Verdacht schöpfen würden, musste ihr Tod geheim bleiben. Vor ihre Zimmertür wurden also täglich Gerichte gestellt. Da Maria von Jever jedoch nicht mehr öffentlich auftrat, erzählte man sich bald, dass die Regentin durch geheime Gänge unter dem Schloss verschwunden sei. Eines Tages, so heißt es, wird die Regentin durch diesen Gang in ihre Stadt zurückkehren. Mehrmals sei bereits versucht worden, in den Gang einzudringen, doch alle Versuche scheiterten, weil die Menschen darin erstickten.

Eine weitere Sage lautet, dass Maria befohlen habe, jeden Abend zu einer bestimmten Zeit die Glocke läuten zu lassen – so lange, bis sie ins Jeverland zurückkehren würde. Dieses sogenannte Marienläuten erklingt bis heute: im Sommer um 22 Uhr, im Winter eine Stunde früher.

TIPPS & INFOS

SPEZIALITÄT: Wer in Friesland unterwegs ist, darf nicht ohne den exquisiten Tee aus der Gegend nach Hause zurückkehren. Am besten schmecken die Teespezialitäten im Teehaus Jever am Kirchplatz. Dazu gibt es feines Mandelgebäck: die Marienhäubchen (www.teehaus-jever.de).

SEHENSWERT: Maria von Jever wird an vielen Orten in der Stadt gehuldigt, z. B. gibt es ein Denkmal in der Nähe des Schlosses sowie den Sagenbrunnen auf dem Alten Markt. Besonders sehenswert ist das Schlossmuseum Jever mit spannenden Ausstellungen, Schlossgarten und Burggraben (www.schlossmuseum.de).

INFO: www.maria-von-jever.de

Des Grafen Lieblingspferd war ein Apfelschimmel namens Kranich.

42 DER GRAF IM NEBEL

Anton Günther von Oldenburg

Auch den Regenten Graf Anton Günther von Oldenburg und Delmenhorst umgibt eine Sage, die bis heute gern erzählt wird. Der Graf, geboren 1583, galt als herausragender Herrscher, der es verstand, seine Grafschaften vor den Schrecknissen des Dreißigjährigen Kriegs zu bewahren. Er brachte die Regionen politisch und wirtschaftlich nach vorn, u.a. durch die Einnahme von Zoll, den Deichbau und viel Diplomatie.

Der Graf galt als großer Pferdefreund. Seine Zuchtpferde waren über die Landesgrenzen hinaus bekannt und wurden verschenkt, um politische Beziehungen zu festigen. Sein Lieblingspferd war ein Apfelschimmel namens Kranich, auf dem er auf vielen Abbildungen sitzt.

Während einer Reise musste der Graf in einem heruntergekommenen Schloss übernachten, wo er an finstere Gesellen geriet: Er hatte Falschmünzer aufgeschreckt. Die Kerle ließen von ihm ab, wenn er verschweigen würde, dass er sie entdeckt hatte. Jahre später traf er auf einen Mann, der sich nach einiger Zeit als einer der Falschmünzer zu erkennen gab. Als Dank für sein Schweigen schenkte dieser dem Grafen ein edles Pferd: Kranich, den Apfelschimmel.

Der Sage nach soll Kranich den Grafen bei einem Ritt nach Wangerooge mitten im Nebel und bei Flut sicher zurück nach Hause gebracht haben. Bis heute wird der Kramermarkt-Umzug in Oldenburg von Pferd und Reiter angeführt – in Erinnerung an den Grafen und sein Lieblingspferd.

TIPPS & INFOS

AUSSICHT: Nur wenige öffentliche Orte erinnern an den Grafen. Mit seinen vielen Parks und Museen ist Oldenburg trotzdem sehenswert, z.B. lockt die Aussicht von der Cäcilienbrücke im Gerichtsviertel: Dabei handelt es sich um eine alte Hubbrücke, die über den Fluss Hunte führt.

SPEZIALITÄT: Sturmfest und erdverwachsen: Der Grünkohl ist ebenso typisch niedersächsisch wie diese beiden Begriffe aus dem Niedersachsenlied selbst. Das grüne Gemüse ist eine Oldenburger Spezialität, und hier gibt es sogar eine eigene Akademie für den Kohl (www.kohltourhauptstadt.de).

INFO: www.oldenburg.de

Unter Dortmunds modernen Gebäuden verbirgt sich in der Tiefe eine alte Bunkeranlage von fünf Kilometern Länge.

43 DER TIEFENSTOLLEN

Bunker unter Dortmund

Unglaubliche fünf Kilometer Wegstrecke, Platz für mindestens 40 000 Menschen: Unter Dortmund verbirgt sich eine geheime Welt. Der Tiefenstollen ist der größte zivile Luftschutzbunker Deutschlands. In bis zu 20 Metern Tiefe reicht die Anlage vom Hauptbahnhof bis zum Westpark im westlichen Teil der Stadt. Um die tatsächliche Größe der Anlage ranken sich Gerüchte.

Zugänglich für Besucher ist das Tunnelsystem leider nicht – zu gefährlich wäre der Zutritt wegen Einsturzgefahr, Dunkelheit und eventuell auftretender Faulgase. Nichtsdestotrotz ist der Tiefenstollen ein Baudenkmal, das mit seiner schieren Dimension Eindruck macht. So hängt z. B. am Eingang Körnerplatz noch das Warnschild »Das Mitbringen von Kinderwagen und Fahrrädern ist verboten« – im Kriegsfall hätte der Platz im Bunker nicht für Tausende Menschen gereicht, wenn Gerätschaften mitgebracht worden wären. In manchen Gängen steht der Hinweis »Das Stehenbleiben ist verboten«, denn im Fall eines Bombenangriffs war Eile gefragt. Die Anlage hatte 19 Eingänge, damit viele Menschen schnell Schutz finden konnten – Dortmund war als zentraler Standort für die Produktion von Stahl und Kohle sowie als Verkehrsknotenpunkt häufig das Ziel von Bombenangriffen während des Zweiten Weltkriegs.

Teilweise stoßen Bauarbeiter noch heute auf Teile der Anlage. Ideen für eine moderne Nutzung scheiterten bislang: Für Kosten- und Versicherungsfragen will keine Behörde die Verantwortung übernehmen.

TIPPS & INFOS

SEHENSWERT: Der Haupteingang zum Bunker befand sich gegenüber vom Hauptbahnhof an der Katharinentreppe. Hier steht auch das Deutsche Fußballmuseum, das mit seiner interaktiven Ausstellung das Herz jedes Fußballfans höherschlagen lässt (www.fussballmuseum.de).

EINKEHR: Neben Fußball und Kohle ist Dortmund bekannt für seine Biersorten. Eine davon ist Hövels, dessen Hausbrauerei sich in der Innenstadt befindet. Hier kann man sich Bierspezialitäten und köstliche gutbürgerliche Küche schmecken lassen (Hoher Wall 5; www.hoevels-hausbrauerei.de).

INFO: www.bunker-dortmund.de

Auch Hamburgs Unterwelten kann man mit einer Führung besuchen.

44 BUNKER UNTER HAMBURG

Eine eigene Welt unter der Hansestadt

Katakomben, Schutzkeller, Tunnel: Auch unter Hamburg befindet sich eine Welt für sich. So gibt es z. B. den Bunker am Steintorwall, Hamburgs größten Tiefbunker; der ehemalige Eingang befindet sich direkt neben dem Hauptbahnhof. Die Nähe zum Hauptbahnhof war durchaus gewollt: Im Fall eines Bombenangriffs sollten Bahnreisende hier schnell Unterschlupf finden. Auf knapp 3000 Quadratmeter bringen es die beiden zusammenhängenden Teilanlagen. Nach Ende des Zweiten Weltkriegs sollte der Bunker eigentlich zurückgebaut werden; die Pläne der Alliierten scheiterten jedoch, da bei einer eventuellen Sprengung der Hauptbahnhof hätte beschädigt werden können. Während des Kalten Kriegs wurde der Bunker dann wieder ertüchtigt. Er tat jedoch auch im nichtmilitärischen Kontext seine Dienste: Während der Schneekatastrophe 1978 diente er kurzzeitig als Notunterkunft für Reisende.

Der Verein Hamburger Unterwelten hat es sich zur Aufgabe gemacht, interessierten Menschen diese unterirdischen Welten zu zeigen. Bei den regelmäßig angebotenen Führungen geht es u. a. um geschichtliche oder technische Hintergründe zum jeweiligen Bauwerk. Der Verein setzt sich zudem für den Erhalt der Anlagen ein, z. B. öffnet er die Türen zum ehemaligen Hilfskrankenhausbunker in Wedel, ein Notkrankenhaus, das während des Kalten Kriegs unterirdisch knapp 1700 Menschen hätte versorgen können. Um das Thema Zivilschutz geht es wiederum bei Führungen durch Altona.

TIPPS & INFOS

SEHENSWERT: Hamburg ist eine der Kulturstädte Deutschlands, und kein Ort bringt dies mehr zum Ausdruck als die Hamburger Kunsthalle nahe dem Hauptbahnhof: Hier gibt es Kunst aus acht Jahrhunderten zu bestaunen (Glockengießerwall 5, www.hamburger-kunsthalle.de).

EINKEHR: In Laufweite zum Hauptbahnhof liegt die berühmte Binnenalster. Nirgendwo kann man stilsicherer eine Pause einlegen als im schicken »Jahreszeiten Grill« mit hanseatischer Küche im Hotel Vier Jahreszeiten direkt am Alsterufer (www.hvj.de/de/jahreszeiten-grill.html).

INFO: www.hamburgerunterwelten.de

Historische Zeichnung der Klosterruinen

»ERSTMALS URKUNDLICH ERWÄHNT WURDE DAS KLOSTER 1199 ALS ›HILDA‹. 1347 TAUCHTE DANN DER NAME ELDENA AUF.«

45 DAS KLOSTER VON ELDENA

Schatz unter Ruinen in Greifswald

Wer durch Greifswald in Richtung Dänische Wiek fährt, vermutet hier vielleicht nicht solch ein Prachtstück: Eingebettet zwischen Strandbad und Wohnsiedlungen, ragen die hohen roten Ruinen des Klosters Eldena zwischen den Bäumen hervor. Gegründet im frühen 12. Jahrhundert, war dieses Zisterzienserkloster während des Spätmittelalters die bedeutendste Anlage seiner Art in der Region. Das Kloster bestand bis zum Jahr 1533, als die Säkularisierung um sich griff. Danach verlor es an Bedeutung, die Anlage verfiel. Ihre Steine wurden für neue Bauten verwendet, u. a. für Amtsgebäude und Befestigungsanlagen.

Seine Rettung verdankt die Klosterruine der Romantik des 19. Jahrhunderts, vor allem dem bedeutenden Maler Caspar David Friedrich, der in Greifswald geboren wurde. Er machte die Anlage zu einem Hauptmotiv seiner Werke und verhalf ihr so zu großer Bekanntheit. Die Denkmalpflege wurde dadurch auf diese schöne Anlage mit typischen Elementen der Backsteingotik aufmerksam, führte Grabungen durch und sicherte die Gebäudereste. In der DDR-Zeit erfolgten weitere Sanierungen und die Ruine wurde nun regelmäßig als Veranstaltungsort genutzt. Heute sind u. a. das charakteristische hohe Westportal erhalten sowie Teile des Kirchenschiffs, Reste des Bierkellers und die ehemalige Klosterscheune.

Natürlich sind mit einem so besonderen Ort auch Sagen verbunden. Man erzählt sich, dass bis heute unter der Ruine der kostbare Schmuck des Klosters liege, der vor vielen Jahrhunderten hier versteckt wurde. Bewacht wird er von einem teufelsähnlichen Mann und von einem schrecklichen Hund. Angeblich sollen viele unterirdische Gänge zum Schatz führen, doch Vorsicht: Wer versucht, die Schätze zu finden, wird selbst in einen Hund verwandelt und muss die Reichtümer hüten!

Heute ist dieses Wahrzeichen Greifswalds malerischer Veranstaltungsort für Events, Konzerte, Theateraufführungen und mehr. Beliebt ist er zudem bei Künstlern, die diesen Ort als Quelle der Inspiration aufsuchen.

TIPPS & INFOS

ANREISE: Das Kloster liegt im Stadtteil Eldena: Von der A 20 die Abfahrt Greifswald nehmen, der B 109 um die Stadt folgen, links in die Anklamer Landstraße, dann rechts in die Koitenhäger Landstraße und wieder rechts in die Wolgaster Straße, die zum Kloster führt. An der Straße gibt es zwei große Parkplätze.

AKTIV: Das Strandbad von Eldena liegt nur wenige Gehminuten vom Kloster entfernt und besticht durch seine malerische Lage an der Dänischen Wiek und durch eine rund 6 ha große Sandfläche. Der Eintritt ist frei. Es gibt einen Kiosk, Volleyballplätze, Grillplätze und Strandkörbe (geöffnet Mai–September; www.vorpommern.de/reiseziele).

INFO: www.greifswald.info

Herbstlicher Spaziergang
durch die Ruinen
des Klosters von Eldena

46 DIE KINDER VON HAMELN

Die berühmte Sage vom Rattenfänger

Es ist eine der berühmtesten Erzählungen, die wir kennen: die Sage des Rattenfängers von Hameln. Von ihr gibt es zahlreiche Versionen, die bekannteste stammt von den Gebrüdern Grimm aus dem Jahr 1816, betitelt als »Die Kinder von Hameln«. Darin heißt es, dass im 13. Jahrhundert ein wunderlicher Mann in der Stadt auftauchte, der in ein buntes Tuch gekleidet war. Er sei Rattenfänger und sicherte zu, die Stadt vom Ungeziefer zu befreien. Die Bürger versprachen ihm eine Belohnung und der Mann schritt zur Tat. Er holte eine Pfeife hervor und zog damit durch die Stadt – Mäuse und Ratten folgten ihm bis zur Weser, wo sie sich auf seinen Befehl hin ins Wasser stürzten und ertranken.

Der Mann kehrte in die Stadt zurück, doch die Bürger versagten ihm seinen Lohn. Wenig später kehrte der Mann zurück, diesmal als Jäger verkleidet mit rotem Hut. Wieder holte er seine Pfeife hervor – doch anstatt Ratten kamen nun alle Kinder, die älter als vier Jahre waren. Der Mann führte die 130 Kinder über einen Hügel bei Coppenbrügge und verschwand. Wehklagen breitete sich über die Stadt aus. Nur zwei Kinder kamen zurück: eines blind, sodass es den Hügel nicht zeigen konnte, das andere stumm, sodass es den Ort nicht beschreiben konnte. In der malerischen Stadt erinnert heute vieles an das Märchen. So gibt es Statuen, ein Glockenspiel und den Brunnen vom Rattenfänger, Stadtführungen mit der Sagengestalt höchstpersönlich und im Sommer regelmäßige Aufführungen des Familien-Musicals »Rats«.

TIPPS & INFOS

EINKEHR: Hameln besticht durch eine heimelige Altstadt mit schnuckeligen Fachwerkhäusern. Eine Traditionsgaststätte ist der »Rattenkrug« in der Bäckerstraße, Hamelns ältestes Gasthaus (www.rattenkrug.de).

SEHENSWERT: Hamelns sehenswerte Glasbläserei bietet regelmäßig Vorführungen und zeigt schöne Exponate in wechselnden Ausstellungen. Das Handwerk kann man in Workshops erlernen (www.glasblaeserei-hameln.de).

INFO: www.hameln.de

In Hameln erinnert vieles an das Märchen vom Rattenfänger.

Fachwerk und Tradition: Hamelns Altstadt lockt mit vielen Attraktionen (links). In Braunschweig gibt es einen Eulenspiegel-Brunnen zu entdecken (rechts).

47 TILL EULENSPIEGEL

Schalkhafte Streiche in Braunschweig

Er ist der berühmteste Schalk der Geschichte: Till Eulenspiegel. Laut einer Geschichtensammlung soll er im 14. Jahrhundert durchs Land gezogen sein. Gegenüber seinen Mitmenschen stellte er sich dumm, obwohl er sehr schlau war, und spielte ihnen viele Streiche: Er nahm z. B. Redewendungen wörtlich und stiftete so Chaos. Das Buch über den Narren wurde im 16. Jahrhundert zu einem regelrechten Bestseller.
Auch wenn Eulenspiegel mit mehreren Orten in Deutschland in Verbindung gebracht wird, ist besonders Braunschweig eng mit dieser Persönlichkeit verwoben. Der Erzählung nach soll sich Till Eulenspiegel mehrere Male in der niedersächsischen Stadt aufgehalten und seine Bürger hereingelegt haben. Angeblich soll der Schalk sogar aus einem Dorf in der Gegend stammen, weshalb er auch als »Tile von Kneitlingen« bekannt ist.
Eulenspiegel-Fans kommen u. a. beim Glockenspiel am Kohlmarkt auf ihre Kosten, außerdem gibt es einen Eulenspiegel-Brunnen am Bäckerklint. An diesem geschichtsträchtigen Platz (Bäckerklint 11) soll der Narr bei einem Bäcker statt Brot Eulen und Meerkatzen aus Teig gebacken haben. Obwohl die Erzählung 300 Jahre früher spielte, wurde im Jahr 1630 an diesem Platz ein Fachwerkhaus errichtet, das von da an Eulenspiegelhaus hieß. Durch schweres Bombardement während des Zweiten Weltkriegs wurde es jedoch völlig zerstört und nicht wieder aufgebaut. Bei einigen Bäckereien in der Stadt kann man jedoch bis heute »Eulen und Meerkatzen« bestellen.

TIPPS & INFOS

UNTERKUNFT: In dieser altehrwürdigen Stadt kann man wunderbar historisch übernachten, z. B. im Magni Boutique Hotel, einem alten Fachwerkhaus im Magniviertel mit 29 Zimmern, Terrasse und Restaurant (www.magniboutiquehotel.de).
SPEZIALITÄT: Die Löwenstadt ist bekannt für viele Lebensmittel. Ein besonderes ist die Mumme, ein malzhaltiges Getränk, das als Proviant für die Seefahrt überall in die Welt verschifft wurde (erhältlich u. a. in der Tourist-Info, Kleine Burg 14).
INFO: www.braunschweig.de

1818 erschien der Roman »Frankenstein« von Mary Shelley (links). Frankfurt am Main gilt in Deutschland als Hauptstadt des Verbrechens (rechts).

48 FRANKENSTEIN IN INGOLSTADT

Horrorgeschichte aus der Universitätsstadt

Diese Stadt trägt den Horror schon im Namen: Ingolstadt in Oberbayern hat sich offiziell den Beinamen »Frankenstein-Stadt« gegeben. Aber warum? Was auf den ersten Blick wenig schmeichelhaft klingt, ist eigentlich nur logisch: Ingolstadt ist Geburtsort der berühmten Kreatur, die der junge Viktor Frankenstein in einem Labor erschuf.

Der Roman der Autorin Mary Shelley erschien 1818 und war der erste über die Erschaffung eines künstlichen Menschen. Er verband damit das Horrorgenre mit großen philosophischen Fragen und wissenschaftlichen Elementen. Die Idee dazu soll der Britin Shelley ganz woanders gekommen sein, nämlich am Genfer See, wo Shelley mit Freunden zusammensaß. Aus einer Schauergeschichte, die sie dort erzählte, entstand kaum zwei Jahre später eines der berühmtesten Werke der modernen Literatur.

Bekannt war Ingolstadt lange Zeit für seine Universität, wo Teile des Romans spielen: Im Jahr 1472 wurde hier die erste Landesuniversität Bayerns gegründet, eine der bedeutendsten im deutschsprachigen Raum. Im 18. Jahrhundert wurde sie u. a. um ein »Experimentiergebäude« der Mediziner und Naturwissenschaftler erweitert – die perfekte Kulisse für den jungen Frankenstein, der von dem Gedanken besessen war, leblosen Stoffen Leben einzuhauchen. Als Shelley den Roman schrieb, existierte die Universität schon nicht mehr, ihr Ruf aber hatte die Jahrzehnte überdauert.

TIPPS & INFOS

SEHENSWERT: Spätestens seit dem US-Bestseller »Illuminati« sind Verschwörungstheorien über die Illuminaten beliebt. Gegründet wurde dieser aufklärerische Geheimbund im Jahr 1776 in Ingolstadt. Führungen zeigen Originalschauplätze in der Stadt (www.ingolstadt-erleben.de/illuminaten).

SPEZIALITÄT: Der bekannteste Exportschlager der Stadt ist das Auto. Alles rund um die Marke mit den vier Ringen erfahren Fans im Audi-Forum im Norden der Stadt mit Führungen durchs Werk, Museum und mehr (www.audi.de).

INFO: www.ingolstadt-erleben.de

»WEGEN NITRIBITTS KONTAKTEN ZUR HIGH SOCIETY MUNKELTE MAN, DASS DIE AUFKLÄRUNG IHRES MORDES VERHINDERT WURDE.«

49 GEFÄHRLICHES PFLASTER

Frankfurt – Hauptstadt der Verbrechen

Hier geschehen mit Abstand die meisten Straftaten: In Frankfurt am Main gibt es im Vergleich aller Großstädte die meisten Delikte pro Einwohner. Weil die Metropole häufig in der Kriminalitätsstatistik den ersten Platz belegt, wurde die Stadt auch als »Hauptstadt der Verbrechen« und »gefährlichstes Pflaster Deutschlands« bekannt. Nach Jahren trauriger Berühmtheit änderte sich dies im Jahr 2016 zum ersten Mal: Frankfurt stand nur noch auf Platz vier in der Rangliste der meisten Straftaten pro Einwohner – dieses Jahr blieb jedoch die Ausnahme.

Immer wieder wird von Behördenseite darauf verwiesen, dass die hohe Zahl der Straftaten nicht direkt den Frankfurtern angelastet werden kann. Die Stadt hat als Wirtschaftsmetropole eine hohe Zahl an Pendlern und begrüßt jedes Jahr Millionen von Messegästen. Viele Straftaten werden zudem am Flughafen registriert, einem der großen Knotenpunkte für Flugverkehr und Logistik in Europa. Zu welcher Schlussfolgerung man auch immer kommt: Die Metropole hat einige berühmte Kriminalfälle vorzuweisen. Der bekannteste ist wohl der Mord an der »Edelprostituierten« Rosemarie Nitribitt im Jahr 1957, der allerdings nie aufgeklärt wurde, ebenso wie der Mord an der Prostituierten Helga Matura 1966. Wer sich dafür interessiert: Krimiführungen gibt es z. B. unter www.frankfurter-stadtevents.de zu buchen.

TIPPS & INFOS

SEHENSWERT: Der berüchtigtste Stadtteil der Metropole ist das Bahnhofsviertel, bekannt für Rotlicht, Drogen und Gewalt. Das Viertel ändert und modernisiert sich jedoch stark, es gibt viele Sehenswürdigkeiten. Führungen geben Einblicke in dieses besondere Pflaster (www.frankfurt-bahnhofsviertel.de).

EINKEHR: Besonders schön und zentral sitzt man im »Nizza« in Laufweite zum Hauptbahnhof am Mainufer. Hier gibt es, u. a. auf der Terrasse mit Stadtpanorama, moderne deutsche Küche (www.mainnizza.de).

INFO: www.frankfurt.de/frankfurt-entdecken-und-erleben

In Eimern brachte Haarmann die Leichenteile ans Ufer der Leine.

50 Der Schlächter von Hannover

Auf den Spuren von Fritz Haarmann

Seine Beinamen sind so vielfältig wie seine Taten grausam waren: Fritz Haarmann, geboren 1879 in Hannover, war bekannt als »Der Schlächter«, »Der Vampir«, »Der Kannibale« oder auch »Der Werwolf von Hannover«. Er soll mit seinen abscheulichen Taten schon früh begonnen haben. Nach einer Schlosserlehre und einer ruhmlosen Zeit beim Militär verbrachte er arbeitslose Jahre in seiner Heimatstadt. Schon damals soll er sich an Nachbarskindern vergriffen haben. Das Strafverfahren gegen ihn wurde eingestellt und er kam in eine Heilanstalt, wo er die Diagnose »unheilbarer Schwachsinn« erhielt. Später zum Militär eingezogen, erlitt er Ohnmachtsanfälle und im Lazarett wurde schließlich eine Form von Schizophrenie festgestellt.

Zurück in Hannover versucht er sich glücklos als Geschäftsinhaber. Haarmann bestritt seinen Lebensunterhalt als Kleinkrimineller, hehlte und stahl, arbeitete gleichzeitig aber für die Polizei als Spitzel. Am Hauptbahnhof knüpfte Haarmann Kontakte zu jungen Ausreißern. Da zur Zeit der Weimarer Republik große Not herrschte, war es Haarmann ein Leichtes, Kinder und Jugendliche in seine Wohnung zu locken: Gegen sexuelle Dienste bot er ihnen Unterkunft an. Allein in einer Dachkammer in der Straße Rote Reihe in der Altstadt soll er 20 Menschen getötet haben.

Haarmann brachte nachweislich innerhalb von sechs Jahren mindestens 27 Jungen und junge Männer um. Die Leichen bewahrte er in seinen Wohnungen auf, teilweise zusammen mit den Lebensmitteln, die er dem nächsten Jungen zu essen gab. Die Leichenteile verbrannte er in seinem Ofen oder brachte sie in einem Eimer zum Fluss Leine. Auch wird vermutet, dass er Teile der Toten zu Fleisch verarbeitete und weiterverkaufte. Nachweislich verkaufte er die Kleidung der Ermordeten.

Kinder fanden im Jahr 1924 Schädel am Ufer der Leine. Wegen seiner dunklen Vergangenheit geriet Haarmann schnell ins Visier der Ermittler und wurde vom Schwurgericht Hannover als Serienmörder noch im selben Jahr zum Tode verurteilt. Er starb ein halbes Jahr später durch Enthauptung.

> »Der Philosoph Theodor Lessing war Journalist beim Haarmann-Prozess und deckte die skandalöse Rolle der Polizei dabei auf.«

Tipps & Infos

SEHENSWERT: Der Fall Haarmann ist bis heute einer der schrecklichsten Kriminalfälle der deutschen Geschichte. Er hinterließ seine Spuren quer durch die – eigentlich idyllische – Hannoveraner Altstadt. Stadtführungen erklären die Zeit und die Hintergründe der Morde (www.fritz-haarmann-tour.de).

AUSSICHT: Wer Abstand von den Geschehnissen braucht, ist im Neuen Rathaus genau richtig. Das prunkvolle Gebäude verfügt über den einzigen Aufzug, der im Bogen innerhalb eines Gebäudes verläuft. Ebenso einzigartig ist die Aussicht von der Rathauskuppel (Trammplatz 2; www.hannover.de).

INFO: www.hannover-entdecken.de/haarmann-hannover

Hannover bei Nacht: Führungen durch die Altstadt erklären die Hintergründe der Morde.

Verlassene Geistervilla:
Haus Fühlungen bei Köln

51 HAUS FÜHLINGEN

Gespenstervilla am Rand von Köln

Wer Geistervillen liebt, sollte diesen Lost Place unbedingt besuchen: Hinter verwitterten, efeuumrankten Steinsäulen erhebt sich Haus Fühlingen wie ein Gespenst aus der Vergangenheit. Das Backsteingebäude mit seinen leeren Fenstern und seinen weitläufigen Nebengebäuden macht immer noch Eindruck.

Erbaut wurde es als Gutshaus zusammen mit einem Gestüt und einer Pferderennbahn Ende des 19. Jahrhunderts von Eduard Freiherr von Oppenheim. Schon das Gelände hat eine gruselige Vergangenheit: Im 13. Jahrhundert soll es hier eine der blutigsten Schlachten des Mittelalters gegeben haben, bei der über 1000 Ritter ihr Leben verloren. Der Freiherr gab die Pferdezucht wenige Jahre später wieder auf, da sich das Gelände dafür seiner Meinung nach nicht eignete. Nach dem Zweiten Weltkrieg stand das Gut jahrzehntelang leer.

Zahlreiche Gerüchte ranken sich um das Anwesen. Der Geist eines jungen Mannes, der 1943 hier erhängt wurde, soll immer noch durch die Gänge wandeln, und im zweiten Stock soll es immer wieder nach Verwesung riechen – auf Fotos sieht man angeblich rätselhafte Lichter. Autos und andere Gegenstände sollen bei Bauarbeiten eingemauert worden sein. Diese und andere Geschichten sowie seine besondere Atmosphäre machen die verlassene Villa zu einem einzigartigen Ausflugsziel.

TIPPS & INFOS

ANREISE: Das denkmalgeschützte Gut liegt zwischen den Stadtteilen Chorweiler und Fühlingen: Der B9 (Neusser Landstraße) aus der Stadt heraus folgen; im Waldgebiet kurz vor Fühlingen liegt das Gut auf der linken Seite. Oder mit der S-Bahn nach Chorweiler, ab hier weiter mit Bus 120 bis Haltestelle Köln/Haus Fühlingen.

AKTIV: Der Fühlinger See auf der anderen Seite der Neusser Landstraße ist einer der beliebtesten Badeseen der Stadt und auch jenseits der Badesaison ein schönes Ausflugsziel. Stand-Up-Paddeln, Kanu fahren, ein Hochseilgarten, ein Sandstrand und eine Beachbar locken (www.blackfoot.de).

INFO: www.koeln.de

Grabfigur auf dem Melaten-Friedhof in Köln

52 MELATEN-FRIEDHOF KÖLN

Der Sensenmann als Wahrzeichen

Der Melaten-Friedhof im Kölner Stadtteil Lindenthal, westlich der Innenstadt gelegen, ist einer der bekanntesten Friedhöfe Deutschlands und wegen seiner stimmungsvollen Atmosphäre ein beliebtes Ausflugsziel. Der Zentralfriedhof der Stadt besteht seit über 200 Jahren und ist inzwischen auf eine Größe von über 435 000 Quadratmetern angewachsen. Mit seinen über 55 000 Grabstätten ist der Melaten-Friedhof die größte Anlage ihrer Art in Köln.

Sein Name hat eine besondere Geschichte: Gemeint ist der Hof Melaten, ein Heim für Kranke und Aussätzige aus dem 12. Jahrhundert, das einst an dieser Stelle stand. Uralt ist auch die Kapelle St. Maria Magdalena und Lazarus auf dem Friedhof, sie stammt aus dem Jahr 1245. Die eigentliche Anlage entstand jedoch erst mit dem Einzug der Franzosen im 18. Jahrhundert, als per Dekret verfügt wurde, dass Bestattungen außerhalb der (damaligen) Stadtgrenzen stattfinden müssen.

Einige prominente Kölner haben hier ihre letzte Ruhe gefunden – bezeichnenderweise heißt dieser Bereich »Millionenallee«. Das Wahrzeichen des Friedhofs ist der Sensenmann: Am westlichen Hauptweg zwischen den Fluren 76B und 82 steht auf dem Grab von Kaufmann Johann Müllemeister eine große Steinskulptur dieser gruseligen Gestalt, die über den Friedhof zu wachen scheint.

TIPPS & INFOS

ANREISE: Die Anlage liegt in der Aachener Str. 204. Die Anreise erfolgt am besten mit öffentlichen Verkehrsmitteln; Autos sind in der Anlage nicht erlaubt. Mit Buslinie 142 bis Haltestelle Geisselstraße, mit den Stadtbahnlinien 1 und 7 bis zur Haltestelle Melaten (hier befindet sich der Haupteingang).

SEHENSWERT: Ein besonders stimmungsvolles und dabei auch bereicherndes Ausflugsziel liegt nur wenige Gehminuten vom Friedhof entfernt: das Museum für Ostasiatische Kunst mit seinen Sammlungen an Kalligrafie, Malerei und mehr, das sich gemeinsam mit dem Japanischen Kulturinstitut im hübsch angelegten Hiroshima-Nagasaki-Park befindet (www.museum-fuer-ostasiatische-kunst.de).

INFO: www.melatenfriedhof.de

Dunkler Hintergrund: St. Lamberti erhebt sich düster am Ende der hell erleuchteten Münsteraner Einkaufsstraße.

53 ST. LAMBERTI

Münsteraner Kirche mit blutiger Geschichte

Wer schon einmal in Münster war, ist bestimmt an ihr vorbeigekommen: der Kirche St. Lamberti im Kern der westfälischen Stadt, die hoch über dem Prinzipalmarkt aufragt. Erbaut ab 1375, ist die Kirche eine der bedeutendsten spätgotischen Bauten in Westfalen.

Wer zum Turm hinaufblickt, sieht dort drei große Eisenkörbe hängen, die eine wahrhaft blutige Geschichte erzählen: Im Jahr 1536 wurden hier die Leichen dreier Menschen zur Schau gestellt. Dabei handelte es sich um die Anführer einer religiösen Gruppierung, die sich das »Täuferreich von Münster« nannte. Diese Gruppe um Jan von Leiden und Bernd Rothmann übernahm in den 1530er-Jahren Teile der Stadt und entwickelte ein radikales Regime, um die eigenen religiösen Überzeugungen auf die Bevölkerung zu übertragen – notfalls mit Gewalt und extremen Methoden. Aus Münster sollte »Neu Jerusalem« werden, mit allen Mitteln.

Der damalige Bischof von Münster und Osnabrück ließ die Stadt umgehend belagern, um dem reformatorischen Treiben Einhalt zu gebieten. Erst nach eineinhalb Jahren endete die Belagerung, indem die Truppen des Bischofs die restlichen Aufständischen blutig niederschlugen. Die drei Anführer der Bewegung wurden auf dem Platz vor der Kirche öffentlich gefoltert und hingerichtet und ihre Leichen zur Schau gestellt, um »unruhige Geister« von ähnlichen Taten abzuhalten. Die Körbe wiegen je etwa 250 Kilogramm und wurden nach dem Neubau des Kirchturms wieder aufgehängt sowie mehrmals restauriert.

TIPPS & INFOS

EINKEHR: Nur 400 m Fußweg von der Kirche entfernt wartet Münsters ältestes Gasthaus auf Besucher. Das Alte Gasthaus Leve (Alter Steinweg 37) öffnet seine Türen seit dem Jahr 1607. Hier genießt man typisch westfälische und saisonale Speisen in gemütlicher Atmosphäre (www.gasthaus-leve.de).

WELLNESS: Der Kaiserhof in der Bahnhofstr. 14 ist eine Oase der Erholung mitten in der Stadt. Im Spa dieses Hotels bleiben keine Wünsche offen: Auf 400 m² gibt es Saunen, Massageangebote, Erlebnisduschen und vieles mehr zu entdecken (www.kaiserhof-muenster.de/wellness).

INFO: www.sanktlamberti.de

Schloss und Heidelberger Altstadt bergen dunkle Geheimnisse.

54 HEXEN, RÄUBER, HENKER

Horror in der Altstadt von Heidelberg

Liegt es an der malerischen Lage am Neckar? An der berühmten Schlossruine, die hoch über der Stadt thront? An der hiesigen Universität, der ältesten Deutschlands? Oder an der atmosphärischen Altstadt, die Gäste aus aller Welt anzieht? Heidelberg ist immer einen Besuch wert und auch Kulisse für spannende Filme.

So spielte z. B. Katja Riemann im Jahr 1997 in der Verfilmung des Bestsellers »Die Apothekerin« eine in Heidelberg ansässige Apothekerin und Ehefrau, die sich u. a. durch Gift ihrer Mitmenschen entledigte. Einen großen Kassenerfolg landete im Jahr 2000 der Medizin-Thriller »Anatomie« mit Franka Potente: Im Anatomie-Saal der Universität Heidelberg scheinen Leichen wieder zum Leben zu erwachen und den Studierenden gehörig Angst einzuflößen.

Auch jenseits der Leinwand hat die Stadt Geschichten zu bieten, die einem das Blut in den Adern gefrieren lassen: Menschen, die lebendig unter dem Kornmarkt beerdigt wurden, ein Kalb als Ausgeburt der Hölle … Diese dunklen Seiten der Altstadt zeigen z. B. die Heidelberger Gästeführer – dabei geht es um furchterregende Begräbnisriten, verfluchte Orte und Mumien, Gänsehaut garantiert und nicht für Kinder geeignet (www.heidelberger-gaestefuehrer.de). Sagen und Legenden huldigen auch die Nachtwächter mit ihren Sondertouren und Geschichten um Hexen, blutrünstige Räuber und Henker (unter www.heidelberg.de).

TIPPS & INFOS

SEHENSWERT: Das Heidelberger Schloss ist ein »Must See«. Viele Legenden ranken sich um die wohl berühmteste Ruine der Welt. So rätseln Menschen bis heute über die Vertiefung in einer Bodenplatte – ein Ritter soll hier seinen Fußabdruck hinterlassen haben (www.schloss-heidelberg.de).

SPEZIALITÄT: Ein perfekter Seelenstreichler ist der »Heidelberger Studentenkuss«, ein Konfekt aus Nougat, umhüllt mit Zartbitterschokolade. Die Chocolaterie Knösel stellt diese Spezialität seit 1863 her; das Café Knösel (auch Hotel) liegt in der Haspelgasse (www.cafeknoesel-hd.de).

INFO: www.heidelberg.de

Im Münchner Dom ist heute noch ein Fußabdruck des Teufels zu sehen.

55 DER TEUFELSTRITT

Rätsel um die Münchner Frauenkirche

Sie ist eine der berühmtesten Kirchen Deutschlands und Motiv zahlreicher Postkarten: die Frauenkirche mitten in München mit ihren zwei unverkennbaren Türmen. Der Dom zu Unserer Lieben Frau, so der eigentliche Name, ist mit einer Grundfläche von über 3500 m^2 eine der größten Hallenkirchen. Bei ihrer Entstehung soll es jedoch mit dem Teufel zugegangen sein: In der Eingangshalle ist auf dem Boden ein schwarzer Fußabdruck auf einer hellen Bodenplatte zu sehen. Der Abdruck zeigt einen menschlichen Fuß, von dessen Ferse ein Sporn abzugehen scheint. Hierbei handelt es sich um den sogenannten Teufelstritt, um den sich viele Sagen ranken.

So erzählt man sich, dass der Baumeister der Kirche einen Pakt mit dem Teufel geschlossen hätte, damit dieser ihm beim Bau half. Dafür sollte er die Seele des ersten Menschen bekommen, der die Kirche betrat. Als es so weit war, versagte der Baumeister dem Teufel jedoch seinen Lohn – denn in der Kirche waren sämtliche Fenster vergessen worden. Vor Wut stampfte Beelzebub zornig auf. Die Stimme des Teufels, so sagt man, ist auch heute noch zu hören, wenn der Wind um die Kirche heult.

Tatsächlich sieht man von der Stelle aus, wo der Teufel aufstampfte, wenn man in Richtung Hochaltar blickt, keine Seitenfenster. In der Zeit von 1622 bis etwa 1860 sah man auch das Mittelfenster nicht, da ein anderer Altar sowie ein Bild es verdeckten. Der Fußabdruck war vermutlich ein Scherz der Zimmerleute von damals.

TIPPS & INFOS

AUSSICHT: Von einer berühmten Kirche in die andere: Ein München-Besuch ist nicht komplett ohne die spektakuläre Aussicht von der Plattform der Kirche St. Peter am Rindermarkt. Allein für das Marienplatz-Panorama lohnen sich die 300 Stufen bis nach oben (www.alterpeter.de).

SPEZIALITÄT: Haxen, Brezen, Bier: Bayerns Landeshauptstadt ist reich an kulinarischen Spezialitäten und gastronomischen Beiträgen aus aller Welt. Wer von allem ein bisschen naschen möchte, macht eine kulinarische Stadtführung (www.muenchen.de/sehenswuerdigkeiten).

INFO: www.muenchner-dom.de

Im Brunnenhof der Münchner Residenz soll immer wieder eine Schwarze Frau zu sehen sein.

56 DIE MÜNCHNER RESIDENZ

Hier spukt die Schwarze Frau

Die Residenz in der Münchener Innenstadt ist ein imposantes Gebäude: Der Komplex umfasst mehrere Hundert Räume sowie zehn Höfe, Säle und eine Schatzkammer, und auch das Residenztheater sowie eine eigene Kirche gehören zum ehemaligen Stadtschloss. Hier, zwischen Hofgarten, Odeonsplatz, Feldherrnhalle und Maximilianstraße, residierten Könige, Herzöge und Kurfürsten.

Mit ihren Ausmaßen ist die Residenz heute das größte Schloss innerhalb einer Stadt in Deutschland. Sie beherbergt ein bedeutendes Museum und zwei der wichtigsten Spielstätten Bayerns: das Cuvilliés- und das Residenztheater.

Doch Vorsicht: Hier treibt auch die sogenannte Schwarze Frau ihr Unwesen, die sich der Erzählung nach immer dann zeigt, wenn ein Familienunglück bevorsteht. So erging es zumindest den Mitgliedern des Hauses Wittelsbach: Herzog Wilhelm IV. hatte den Sitz seines Hauses im 16. Jahrhundert in die Residenz verlegt, und wie ein Fluch scheint die Schwarze Frau diese Adelsfamilie zu verfolgen – und das seit Jahrhunderten. Angeblich sah man sie kurz vor dem Tod von Märchenkönig Ludwig II. sowie auch Mitte des 19. Jahrhunderts, als mehrere Mitglieder der Familie innerhalb eines Jahres starben. Des Weiteren soll sie 1969 Adalbert Prinz von Bayern in einem Traum erschienen sein – kurz danach verunglückte sein Sohn bei einem Flugzeugabsturz. Im Brunnenhof wurde die Schwarze Frau bislang am häufigsten beobachtet, zuletzt soll sie 2014 gesichtet worden sein.

TIPPS & INFOS

EINKEHR: Der Englische Garten im Anschluss an den Hofgarten ist eines der Ausflugsziele in München und perfekt, um im Grünen die Seele baumeln zu lassen, z. B. im stilvollen Japanischen Teehaus am Eingang der Von-der-Tann-Straße (für Teezeremonien ist eine Anmeldung nötig, www.urasenke-muenchen.de).

SEHENSWERT: Kaum ein Ort im Englischen Garten ist so lässig und hip wie die Eisbachwelle an der Eisbachbrücke. Der Bach ist sehr beliebt bei Surfern, Fotografen und Zuschauern und gilt seit rund 40 Jahren als absoluter Sportler-Hotspot (www.muenchen.de/sehenswuerdigkeiten).

INFO: www.residenz-muenchen.de

Weltkulturerbe: der Historische Friedhof in Weimar (links). Auf dem jüdischen Friedhof Heiliger Sand in Worms wurden viele Gelehrte und Rabbiner beigesetzt (rechts).

57 HISTORISCHER FRIEDHOF WEIMAR

Goethes Grab und ein leerer Sarg

Wie die sprichwörtliche grüne Lunge liegt er im Süden von Weimar: der Historische Friedhof, einer der meistbesuchten deutschen Friedhöfe. Seit 1998 gehört er zusammen mit der hier liegenden Fürstengruft als Teil des Ensembles Klassisches Weimar zum UNESCO-Weltkulturerbe.

Diese Fürstengruft macht den Friedhof für viele sicherlich so sehenswert – in dem Gebäude im nördlichen Teil der Anlage (Eingang Karl-Haußknecht-Straße) liegt eine der bedeutendsten deutschen Persönlichkeiten: der Universalgelehrte Johann Wolfgang von Goethe. Ihr eigentlicher Zweck ist es, letzte Ruhestätte der Mitglieder der Häuser Sachsen-Weimar und Sachsen-Weimar-Eisenach zu sein. Goethe jedoch wollte hier bestattet werden, an der Seite seines Freundes, des Dramatikers Friedrich Schiller, der Jahrzehnte vor Goethe verstarb. Das Kuriose dabei: Schillers Grabstätte ist leer. Sein Leichnam sollte im Jahr 1826 hierhin umgebettet werden – welche Gebeine die von Schiller jedoch genau waren, konnte man damals nicht mehr bestimmen. Also nahm man die, die als wahrscheinlich galten. (Zwischendurch »lieh« sich Goethe sogar Schillers Schädel, um ein Gedicht darüber zu schreiben.)

Ein Gentest im Jahr 2008 ergab, dass es sich nicht um Schillers Leichnam handelte, sondern vermutlich um mehrere Personen. Die unbekannten Gebeine wurden in ein anonymes Grab umgebettet; der Verbleib von Schillers Schädel ist unklar.

TIPPS & INFOS

SEHENSWERT: Unter den Sehenswürdigkeiten in Weimar ist die Herzogin-Anna-Amalia-Bibliothek am Platz der Demokratie eine Besonderheit und auch noch nach dem Brand im Jahr 2004 eine der schönsten Literaturstätten des Landes (Führungen unter www.klassik-stiftung.de).

SPEZIALITÄT: Klare Linien, pragmatische Formen: Das Bauhaus hat unsere Zeit entschieden geprägt und ist in keiner anderen Stadt so lebendig wie in Weimar. Lohnenswert zum Besichtigen sind die zahlreichen Bauhaus-Bauten, das Bauhaus-Museum sowie die Bauhaus-Universität (www.weimar.de/tourismus/bauhaus).

INFO: www.klassik-stiftung.de/fuerstengruft

»DIE INSCHRIFTEN AUF DEN GRABSTEINEN GELTEN ALS AUSSERGEWÖHNLICH GUT ERHALTEN, ALS AUFSCHLUSSREICH UND WERTVOLL.«

58 GEWEIHTE ERDE

Der Friedhof Heiliger Sand in Worms

Das älteste Grab ist über 1000 Jahre alt: Der Friedhof Heiliger Sand am Willy-Brandt-Ring in Worms ist der älteste jüdische Friedhof Europas und der einzige jüdische Friedhof seines Alters, der noch immer an seinem originalen Platz liegt. Bis heute ist er sehr bedeutend für die jüdische Gemeinde, da hier zahlreiche einflussreiche Rabbiner und Gelehrte beigesetzt wurden.

Mittlerweile zwischen zwei großen Straßen und Bahnschienen zu finden, markiert seine Lage teilweise die Position des ehemaligen Stadtwalls – auf der anderen Straßenseite des Willy-Brandt-Rings kann man noch einen Teil der alten Stadtmauer sehen. Die idyllische Anlage mit zahlreichen Bäumen weist rund 2000 Grabstätten aus unterschiedlichen Zeitaltern auf. Durch seine lange Geschichte dokumentiert der Heilige Sand auch die starken Wurzeln des jüdischen Lebens in Worms und in Deutschland. Er zählt zu den bedeutendsten Kulturdenkmälern der Stadt. Die Lage des Friedhofs in Worms ist nicht zufällig: Die Stadt war im 11. Jahrhundert eine der bedeutendsten Wirkungsstätten des Judentums in Deutschlands.

Der Erzählung nach hat der Friedhof seinen Namen schon seit vielen Jahrhunderten, und zwar von dem Sand aus Jerusalem, der eigens nach Worms gebracht worden war. Als wahrscheinlicher gilt jedoch, dass sich an dieser Stelle früher eine Sandgrube befunden hat.

TIPPS & INFOS

ANREISE: Der Friedhof liegt nur wenige Gehminuten vom Wormser Hauptbahnhof entfernt: vom Bahnhof aus rechts abbiegen und der Bahnhofstraße folgen, auf der Alzeyer Straße nach links und am nächsten Kreisel nach rechts.
SEHENSWERT: Wer mehr über die reiche jüdische Geschichte in Worms, das »Klein-Jerusalem am Rhein«, erfahren möchte, ist beim Jüdischen Museum im Raschihaus (Hintere Judengasse 6) genau richtig: Spannende Ausstellungen zeigen einzigartige Zeugnisse jüdischen Lebens. Eine eigene App gibt es auch (www.worms.de/juedisches-museum).
INFO: www.worms-erleben.de

Historische Darstellung Siegfrieds, wie er den Lindwurm besiegt

Die Sage um Siegfried
und den Nibelungenschatz
ist weltberühmt.

59 SIEGFRIED DRACHENTÖTER

Ursprung einer Legende in Xanten

Übermenschliche Kräfte, Mut, Liebe und Verrat: Die berühmte Sage von Siegfried, der sogar einen Drachen tötete, ist weit über Deutschlands Grenzen hinaus bekannt. In Siegfried – oder Sigurd, wie er in Skandinavien heißt – verschmelzen mehrere historische Persönlichkeiten zu einer der bekanntesten Sagengestalten des Mittelalters.

Siegfried steht im Zentrum der Nibelungensage, deren verschiedene Versionen unabhängig voneinander im selben Zeitraum in mehreren Ländern Mittel- und Nordeuropas entstanden. Im berühmten Nibelungenlied wird von Aufstieg und Fall des Königssohns Siegfried berichtet. Niedergeschrieben wurde es vermutlich Ende des 12. Jahrhunderts in Passau, die Herkunft Siegfrieds verortete der unbekannte Verfasser des Lieds an den Niederrhein, nach Xanten. Die kleine Stadt nördlich von Duisburg ist heute als »Siegfriedstadt« bekannt. Von hier aus, so will es die Sage, bricht der Königssohn auf, um die Prinzessin Kriemhilde zu umwerben. Auf seinem Weg dorthin muss Siegfried viele Abenteuer bestehen – u. a. nimmt er den Schatz des Königs Nibelung an sich, nachdem er den König, dessen Söhne und das Gefolge mit seinem Schwert im Kampf besiegte.

Am berühmtesten ist jedoch natürlich die Legende vom Drachentöter Siegfried: Als er bemerkt, dass er durch das Blut des Lindwurms unverwundbar wird, streicht sich Siegfried überall am Körper damit ein. Nur eine Stelle zwischen seinen Schulterblättern, auf die ein Lindenblatt gefallen ist, übersieht er. Und wie bei der berühmten Ferse des Achilles wird auch dies dem Königssohn im weiteren Verlauf der tragischen Sage zum Verhängnis.

Im Luftkurort Xanten bleibt die Nibelungensage bis heute lebendig. Hier werden u. a. Führungen durch die Stadt angeboten, bei der die Legende um Siegfried anschaulich erzählt wird – es wurde sogar nach der alten Königsburg gesucht, aber leider vergeblich. In der Kurfürstenstraße finden Besucher zudem das SiegfriedMuseum, das Gäste um viele Jahrhunderte zurück in die Vergangenheit entführt.

»DAS NIBELUNGENLIED GILT MIT SEINEN 2400 STROPHEN ALS EINES DER BEDEUTENDSTEN WERKE DER WELTLITERATUR.«

TIPPS & INFOS

UNTERKUNFT: Wer auf den Spuren dieser alten Geschichten wandelt, der muss in Xanten natürlich auch angemessen nächtigen. Eine passende Unterkunft ist das Hotel Klever Tor in einem ehemaligen Stadttor aus dem Jahr 1392 mit drei komfortablen Apartments (www.xanten.de/de/unterkuenfte).
AKTIV: Xanten ist nicht nur bekannt als »Siegfriedstadt«, sondern auch als ehemalige römische Metropole. Davon zeugen anschaulich der Archäologische Park sowie das Römermuseum: Am Originalstandort wurden hier römische Bauten im Maßstab 1:1 nachgebaut (www.apx.lvr.de).
INFO: www.siegfriedmuseum-xanten.de

60 DIE PESTKAPELLE VON SEESHAUPT

Wo Höllenhunde umherstreifen

Tief im Süden Deutschlands, mitten im Wald, steht eine unscheinbare Kapelle. Fans von Übernatürlichem und Geistergeschichten kennen die Pestkapelle St. Georg als Ort vieler düsterer Sagen und unerklärlicher Ereignisse. So wird von Höllenhunden mit roten Augen berichtet, die durch die Wälder streifen, von düsterem Hexentreiben und von unheimlichem Gelächter tief im Wald.

Das kleine weiße Gebäude steht auf dem Gebiet der Wüstung Pollingsried der Gemeinde Seeshaupt (direkt am südlichen Ufer des Starnberger Sees) auf einer Waldlichtung. Zum Image der unscheinbaren Kapelle tragen ohne Frage die Brunnen bei, die rund um das kleine Gebäude angeordnet sind – angeblich in Form eines Pentagramms. Ein Brunnen, der sogenannte Teufelsbrunnen, soll sich direkt unter der Kapelle befinden; hier sollen mehrere Leichen versenkt worden sein.

1625 soll hier ein Mädchen den Tod gefunden haben – und ein schwarzer Hund wachte an der Seite des Leichnams, bis der Pastor des Weges kam: Der Hund sprang ihm an die Kehle und entlarvte ihn damit als Mörder des Mädchens. Eine weitere Erzählung weiß, dass die Bürger der Gegend einst Gott schwören mussten, regelmäßig Messen in der Kapelle zu feiern – erst dann würden sie von der Pest, die damals in der Gegend wütete, verschont bleiben. So erhielt die Kapelle ihren Namen.

TIPPS & INFOS

ANREISE: Von Seeshaupt der Hohenberger Straße folgen, an der Schlossgaststätte Hohenberg vorbei, links abbiegen nach Eichendorf und am Waldrand wieder links, bis man zu einem kleinen Parkplatz kommt (insg. 6,5 km). Dem Wanderweg Kleiner Lauterbacher Waldweg geradewegs zur Kapelle folgen (500 m).

AKTIV: Auf der anderen Seite des Lauterbacher Walds liegt das Naherholungsgebiet Osterseen, das mit einem ausgezeichneten Wanderwegenetz sowie vielen Cafés und Gasthöfen lockt und damit ein perfektes Ausflugsziel für die ganze Familie ist (www.pfaffen-winkel.de).

INFO: www.fuenfseenland.de

Um die Pestkapelle von Seeshaupt sollen des Nachts Höllenhunde mit roten Augen streifen.

Trügerische Idylle: Nebel über dem Fünfseenland in Oberbayern (links). In der Oppenheimer Michaelskapelle ist ein Beinhaus untergebracht (rechts).

61 DIE OPPENHEIMER MICHAELSKAPELLE

Ein Haus voller Schädel und Knochen

Es ist ein Anblick, der unbedarften Besuchern für einen Moment das Blut in den Adern gefrieren lässt: In der Michaelskapelle der kleinen Stadt Oppenheim im Landkreis Mainz-Bingen liegen die Knochen und Schädel von etwa 20 000 Bürgern der Stadt aufgestapelt.

Die doppelstöckige Kapelle gehört zur Katharinenkirche und gilt als das größte und besterhaltene Beinhaus in Deutschland. Dieser Begriff bezeichnet einen Raum oder ein kleines Gebäude, das zur Aufbewahrung von Gebeinen dient. Oftmals geschah dies in Kapellen wie in Oppenheim, die an eine Kirche angeschlossen waren. Gebeine durften eine Zeit lang nicht einfach unter der Erde begraben werden, sondern mussten in solchen Beinhäusern oder Katakomben die letzte Ruhe finden. Häufig waren dabei die umgebenden Friedhöfe schlicht überfüllt.

Die Kapelle in Oppenheim stammt aus der Zeit vor 1424. Wie viele Beinhäuser ist auch dieses dem Erzengel Michael geweiht, dem Begleiter der Seelen ins Totenreich. Die hier liegenden Gebeine stammen aus der Zeit zwischen 1400 und 1750. In der Mitte der gestapelten Gebeine befindet sich ein mit goldener Farbe überzogener menschlicher Schädel, der nach Dreharbeiten fürs Fernsehen zurückgelassen wurde.

Das Beinhaus kann nicht einfach betreten werden, denn es ist durch ein Gitter versperrt, durch das man einen Blick werfen kann. Führungen sind allerdings möglich.

TIPPS & INFOS

SPEZIALITÄT: Oppenheim am Rhein ist ein Ort des Weins. Die Stadt hat sich ein altes Wassersystem zunutze gemacht, wodurch die Rebe der Lage »Oppenheimer Krötenbrunnen« besonders gut gedeiht. Es gibt zahlreiche Weingüter (www.stadt-oppenheim.de/winzerverzeichnis).

SEHENSWERT: In der »Stadt des Weins« darf eines nicht fehlen: ein Museum, das der Traube und seiner Bedeutung gewidmet ist. Das Museum in der Wormser Str. 49 hat April–Okt. geöffnet und lädt auf eine Entdeckungsreise in die 2000-jährige Geschichte des Weins ein – auch für Kinder interessant (www.dwm-content.de)!

INFO: www.katharinen-kirche.ekhn.de

GÄNSEHAUT-MUSEEN

Über Spionage, Strafen und scharfe Waffen

Hexenverfolgung, Folterkammern, Spionage und Bestattungskultur: Diese Museen lassen den Besuchern garantiert die Gänsehaut über den Körper kriechen.

Im Dungeon in der Hamburger Speicherstadt erwecken Schauspieler in getreu nachgebildeten Kulissen die dunklen Seiten der Hansestadt zum Leben. Hautnah dabei ist man beim Großen Brand im Jahr 1842 oder bei der Hinrichtung von Klaus Störtebeker (www.thedungeons.com/hamburg).

In Penzlin in Mecklenburg-Vorpommern wird es magisch, denn in der über 800 Jahre alten Burg wartet das »Fachmuseum für Alltagsmagie und Hexenverfolgungen in Mecklenburg« auf Besucher. In den Kellerräumen gibt es für Groß und Klein Zauberwerkzeug, Sagen und Dokumente von Hexenprozessen zu entdecken (www.alte-burg.amt-penzliner-land.de).

Das »Magicum« in Berlin entführt in die Welt von Illusionen und Zauberei, zeigt Zaubertricks und die Rolle von Magie und Mythen in allen Kulturen und Jahrhunderten (www.magicum-berlin.de).

Scharfe Waffen und Spionage im Schatten

Spannend wird es im Deutschen Spionagemuseum, das ebenfalls in Berlin sitzt. Das ausgezeichnete Museum gibt Einblicke in die Schattenwelt von Spionen und Agenten – ein Muss für Geschichtsfans, Codierer und Codeknacker (www.deutsches-spionagemuseum.de).

Anschaulich und informativ geht es im Museum für Sepulkralkultur in Kassel zu. Über 22 000 Ausstellungsstücke aus über 2000 Jahren sowie moderne Sonderausstellungen beschäftigen sich mit den Themen Tod, Trauer und Bestattung (www.sepulkralmuseum.de).

Das Klingenmuseum in Solingen zeigt Waffen, Klingen, Bestecke, einen echten Kirchenschatz sowie eine historische Zinngießerei. Die Ausstellung wächst bereits seit über einem Jahrhundert (www.klingenmuseum.de).

Das Mittelalterliche Foltermuseum in Rüdesheim am Rhein zeigt in historischen Gewölbekellern Zeugnisse von Hexenverfolgung, Folter, Inquisition und führt in das teils düstere Rechtsverständnis des Mittelalters ein (www.foltermuseum.com).

Das Kriminalmuseum in Fürth bei Nürnberg bringt den Besuchern über 200 Jahre Polizei- und Kriminalgeschichte näher. Im Gewölbekeller des Rathauses dreht sich alles um modernste Kriminaltechnik, Verbrechen und Prävention (www.kriminalmuseum-fuerth.de).

In Nürnberg machen die Kellergewölbe unter dem Rathaus die Grauen des Mittelalters lebendig.

Über tausend Jahre Folter, Strafe und Rechtsgeschichte

Rund 400 Jahre lang haben im Henkerhaus sowie Henkerturm in Nürnberg Henker gewohnt. Heute ist hier ein modernes Museum untergebracht, das Leben und Sterben im Jahr 1600 zeigt und Einblicke in die Kriminalgeschichte der Stadt gibt (www.tourismus.nuernberg.de).

Auf eindrückliche Art machen die Lochgefängnisse in Nürnberg das Leben und Leiden im Mittelalter erfahrbar. Die Kellergewölbe des Rathauses dienten lange als Gefängnis und Folterkammer (www.museen.nuernberg.de/lochgefaengnisse).

Über tausend Jahre Rechtsgeschichte, Strafen, Folter und Prozesse macht das Mittelalterliche Kriminalmuseum im schönen Rothenburg ob der Tauber erfahrbar. Es ist das größte Museum seiner Art in Europa und zeigt beeindruckende Exponate (www.kriminalmuseum.eu).

Kleiner, aber ebenso spannend wird es im Hexenmuseum des Erholungsorts Ringelai im Bayerischen Wald. Die Ausstellung im Hotel Gross zeigt einen originalgetreu nachgebauten Scheiterhaufen, Protokolle von Hexenprozessen und Folterinstrumente (www.ringelai.de/kultur/hexenmuseum.html).

In der prächtigen Burg zu Burghausen im Landkreis Altötting entführt das Stadtmuseum in die Lebenswelt auf einer Burg im Mittelalter, mit Waffenarsenal und Folterkammer (www.burghausen.de/unsere-stadt/kulturstadt/888/staedtische-museen/866/stadtmuseum.html).

Gänsehaut garantieren viele Museen mit Beiträgen zu Zauber- und Hexengeschichten.

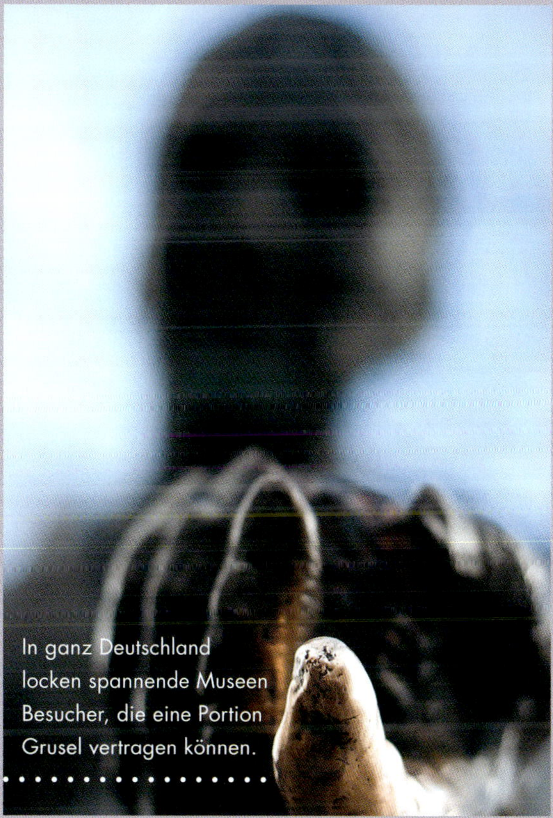

In ganz Deutschland locken spannende Museen Besucher, die eine Portion Grusel vertragen können.

Für den Besuch des Hamburger Dungeons braucht man starke Nerven.

Schön und geheimnisvoll: Sonnenuntergang über dem Steinhuder Meer

UNERGRÜNDLICHES WASSER

Geheimnisvolle Kräfte und Orte der Fantasie

Meere, Seen und Flüsse üben auf die Menschen seit Anbeginn der Zeit eine große Faszination aus. Das Wasser war und ist schon immer überlebenswichtig als Lebensmittel, Lebensraum und Transportweg. Doch auch seine unvorhersehbare, gewaltige Kraft und Unergründlichkeit ziehen uns in seinen Bann.

Ob am schier endlos erscheinenden Meer, an einem kleinen Bergsee in den Alpen oder vor rauschenden Wasserfällen im Schwarzwald: Die meisten Menschen fühlen sich zu Wasser hingezogen. Das spiegelt sich auch in den zahlreichen überlieferten kleinen und großen Erzählungen, Liedern, Mythen und Gedichten wider.

Berühmt geworden ist z.B. der »Schimmelreiter«, der an der Nordseeküste bei Husum nachts über die Deiche reitet. Legendäres erzählt man über den Freibeuter Klaus Störtebeker, der mehrere Mythen in sich vereint und in Hamburg sein unglaubliches Ende fand. Ganze Orte sind von Fluten verschlungen worden – einige real, andere aus dem Reich der Erzählungen.

Inspirierend sind die vielen Sagen von Nixen, Wassermännern und Kobolden, die im oder am Gewässer leben, denn sie scheinen vor allem von uns Menschen zu berichten – und von unserem Verhältnis zum Wasser.

DIE TOP 5 MYTHOS-SPOTS AM WASSER

Sylt und Amrum, Schleswig-Holstein – Wo Untote wandeln und Meermänner wüten (www.nordsee-inseln.de).

Halbinsel Wustrow, Mecklenburg-Vorpommern – Eine Geisterstadt mit bewegter Geschichte (www.rerik.de/ostseebad-rerik).

Rakotzbrücke, Sachsen – Die mystische Brücke liegt mitten in einem wunderschönen Park (www.kromlau-online.de/der-park).

Loreley, Rheinland-Pfalz – Berühmtheit mit bittersüßer Legende (www.loreley-touristik.de).

Starnberger See, Bayern – Wie König Ludwig II. wirklich starb, ist bis heute ungeklärt (www.starnbergersee.de).

Schwerer Gewitterhimmel
über der Husumer Altstadt.

62 HUSUMER SAGEN

Die Legende vom Schimmelreiter

Auch wer Theodor Storm nicht kennt, hat wahrscheinlich von seinem Meisterwerk schon einmal gehört: »Der Schimmelreiter« aus dem Jahr 1888 ist die berühmteste Erzählung des Schriftstellers. Er beendete die Geschichte nur wenige Monate vor seinem Tod im Juli 1888.

Im Mittelpunkt der tragischen Novelle steht der fiktive Deichgraf Hauke Haien aus Nordfriesland, einem Landstrich, wo die Deiche als Schutz gegen Sturm und Fluten eine lebenswichtige Rolle für die Menschen spielen, die hinter ihnen leben und ihre Ländereien bewirtschaften. Misstrauisch beäugen die Dorfbewohner ihren Deichgrafen, da er auch nachts und im Sturm auf seinem Schimmel auf den Deichen umherreitet. Bei dem Tier handelt es sich in den Augen der Dorfbewohner um ein wieder zum Leben erwecktes Pferdeskelett, das von einer Hallig stammt. Einige Bewohner sehen in dem Pferd nicht nur eine Verbindung zum Teufel, sondern gar den Beelzebub höchstpersönlich. Tiere spielen in dieser Erzählung als Verkörperung des Bösen eine wichtige Rolle. Neben dem weißen Pferd »mit feurigen Augen« kommen z. B. auch eine Angorakatze sowie ein Hund vor, der eigentlich in einen Deich eingemauert werden sollte.

Die Erzählung fußt auf einer Sage, mit der sich Theodor Storm intensiv beschäftigte. In der Einleitung des »Schimmelreiters« berichtet er, dass er vor über 50 Jahren im Haus seiner Urgroßmutter von der Erzählung des gespenstischen Reiters mit seinem teuflischen Pferd gehört hatte. Storm war selbst Kind des Nordens und fasziniert von den vielen Sagen und Legenden aus Schleswig-Holstein: Er wurde in Husum geboren und starb in der Nähe im Kreis Rendsburg-Eckernförde. Die Novelle spielt im Kreis Nordfriesland im Hattstedtermarsch sowie dem Hattstedter Neuen Koog. Hier gab es sogar 1756 eine Sturmflut mit mehreren Hundert Toten – wie im Buch beschrieben.

Storms Novelle schildert die raue Landschaft an der Nordseeküste genau.

»THEODOR STORM PLANTE EINST, DIE SAGEN AUS SEINER REGION ZU SAMMELN UND ALS ›NEUES GESPENSTERBUCH‹ ZU VERÖFFENTLICHEN.«

TIPPS & INFOS

AKTIV: Wer die Landschaft aus der Novelle Theodor Storms mit allen Sinnen genießen möchte, sollte eine Radtour unternehmen: Die »Schimmelreiter-Route« führt auf 21 km durch diese einzigartige Gegend nördlich von Husum, die Storm immer wieder als Schauplatz für seine Werke auserkor (www.husum-tourismus.de).

UNTERKUNFT: Stilvoll und direkt an der Nordsee übernachten kann man im Hotel Arlau-Schleuse. Das reetgedeckte Haus lockt mit seiner einzigartigen Lage im Nationalpark, mit freundlichen Zimmern, Restaurant und Wellnessbereich (www.arlau-schleuse.de).

INFO: www.husum-tourismus.de/Reisefuehrer

Sturmwolken ziehen am Nordseehimmel über dem Wattenmeer auf.

63 SIEDLUNG RUNGHOLT

Sagenhafte Insel in der Nordsee

Sie wird gern als das »Atlantis der Nordsee« bezeichnet: die versunkene Siedlung Rungholt in der Nordsee auf Höhe der Stadt Husum. Um diese Siedlung ranken sich viele Vermutungen, Legenden und Erzählungen. Rungholt soll sich auf einer Hallig befunden haben, also auf einer kleinen Marschinsel im Meer vor der Küste, und wegen ihrer exponierten Lage ein bedeutender Handelsort gewesen sein.

Der Sage nach sollen die Einwohner der Siedlung große Reichtümer angehäuft haben, die sie protzig zur Schau stellten, und Gelage gefeiert haben. Zudem fürchteten sie die Naturgewalten ringsumher nicht, lebten sie doch in dem festen Glauben, dass ihre Deiche sie schützen würden. Die Rache für diese Arroganz ließ nicht lange auf sich warten: Die Siedlung samt all ihren Einwohnern wurde durch eine gewaltige Flut ins Meer gespült.

Die »Rungholt-Sage« wurde durch eine Ballade aus den 1880er-Jahren bekannt, und auch der Schriftsteller Theodor Storm nahm sich ihrer literarisch an. Als historisch gesichert gilt, dass es Rungholt tatsächlich einmal gegeben hat. Wahrscheinlich wurde der Ort im Jahr 1362 durch eine Sturmflut mit großer Wucht überspült und zusammen mit weiteren Halligen vernichtet.

Heutzutage treibt es neben Forschern auch viele Schatzsucher in diese Gegend – Siedlungsreste wurden zwar gefunden, ein großer Schatz jedoch bislang nicht.

TIPPS & INFOS

SEHENSWERT: Überreste der Siedlung fand man rund um die Hallig Südfall, die gerade einmal 50 ha groß ist und im Nationalpark Schleswig-Holsteinisches Wattenmeer liegt. Das Vogelschutzgebiet mit zwei Bewohnern kann bei Führungen per Kutsche, Schiff oder zu Fuß angesteuert werden (www.halligen.de).

SPEZIALITÄT: Die vielen Spezialitäten der Region sollte man nicht verpassen. Nichts geht am Nachmittag über ein Stück Friesentorte und einen erstklassigen Tee. Die schöne Atmosphäre dazu gibt es z. B. im Café Anticus auf der Insel Pellworm, Ferienwohnung inklusive (www.cafe-pellworm.de).

INFO: www.halligen.de/biosphaere/chronologie

Bunte Hummerbuden am Binnenhafen von Helgoland

64 HELGOLAND Mythische Entstehungsgeschichte

Schon bei der Anreise kann man verstehen, warum die Menschen von einst Erzählungen brauchten, um sich die Entstehung dieser Insel zu erklären: Hoch ragen die roten Felsen Helgolands mitten aus dem Wasser empor, bevölkert von Abertausenden von Vögeln. Bekannt ist vor allem die Lange Anna, der knapp 50 Meter hohe Felsen an der nordwestlichen Spitze der Hauptinsel.

Dem Mythos nach soll ein Riese für die Entstehung der einzigen deutschen Hochsee- und Felseninsel verantwortlich sein. Einst war die See noch Land, heißt es darin, und darauf lebte ein Hirtenvolk. Deren Königin ging eines Tages mit ihrer schönen Tochter Walguna am Strand spazieren. Dort verliebte sich der Wasserriese Ligur augenblicklich in sie. Walguna wollte einen Hirten heiraten, doch Ligur sperrte diesen in eine Muschel und legte sie an den Strand – Walguna erfuhr davon und weigerte sich fortan, von der Muschel zu weichen. Weil er die schöne Tochter wegen eines Zaubers nicht berühren konnte, ersann Ligur eine List: Er ließ das gesamte Land um die Muschel herum abtragen. Nur das Stück Land um Walguna und die Muschel blieb übrig: Helgoland.

Die Lange Anna, heißt es in dem Mythos weiter, ist der drohend zum Himmel gereckte Arm des Riesen, der von einem Zauberer ins Meer geworfen wurde.

Wenn der Wind um die Insel heult, kann man heute noch das Seufzen der Prinzessin und das Wehklagen des Riesen hören …

TIPPS & INFOS

ANREISE: Die Anreise erfolgt per Seebäderschiff oder Schnellfähre von Cuxhaven aus. Möglich ist auch der Luftweg per Flugzeug, ebenfalls von Cuxhaven; der Flughafen liegt auf Helgoland-Düne (www.helgoland.de/anreise-2).

SEHENSWERT: Bunt wie eine Perlenkette liegen sie aufgereiht am Binnenhafen, die »Hummerbuden«: Hier kann man Kunst und Kultur erleben. Ein besonderes Erlebnis ist es auch, Kegelrobben und Seehunde auf der Insel zu beobachten; das geht besonders gut im März und April, wenn die Tiere zum Fellwechsel an Land kommen (www.helgoland.de/freizeit-gestalten).

INFO: www.nordseetourismus.de/helgoland

Vollmond über den Dünen von Amrum

»EINEM GONGER SOLLTE MAN NIE DIE HAND REICHEN – ANDERNFALLS WIRD DIESE SCHWARZ UND FÄLLT AB.«

65 DIE GONGERS

Untote auf Sylt und Amrum

Ob »The Walking Dead«, »Dawn of the Dead« oder »Night of the Living Dead«: Bei allerlei Filmen, Serien, Comics und Büchern stehen Zombies im Mittelpunkt, beflügeln sie doch schon lange die Fantasie der Menschen. Faszinierend an der Idee eines Untoten ist wohl, dass diese uns zwar äußerlich noch ganz ähnlich sind, sie jedoch ihre Fähigkeit zum eigenen Denken und Handeln verloren haben. Andere wiederum beschäftigen sich mit der Frage, welche Auswirkungen eine »Zombie-Apokalypse« auf die überlebenden Menschen und damit auf gesellschaftliche Strukturen und Werte haben könnte.

Auch jenseits großer Hollywood-Produktionen hat der Gedanke der sogenannten Wiedergänger einen festen Platz in unserem Leben. Auf den Nordseeinseln Sylt und Amrum werden sie als »Gongers« bezeichnet. Dabei gibt es zwei Arten von ihnen: Die eine bezeichnet Menschen, die ermordet wurden und die nach ihrem Tod in die Welt der Lebenden zurückkehren, um ihren Tod zu rächen. Dabei überspringen sie manchmal auch mehrere Generationen. So gibt es z. B. die Erzählung einer Frau, die immer wieder als Untote ihren Priester aufsuchte, bis dieser Schere, Nadel und Garn in ihr Grab legte, wie es zu jener Zeit in der Gegend üblich war. Die zweite Art der Gongers bezeichnet die unruhigen Seelen ertrunkener Seeleute, die ihre Verwandten heimsuchen. Böse Absichten verfolgen sie dabei nicht, vielmehr geht es darum, dass die Familie den Tod des Menschen akzeptiert und die Erinnerung an ihn lebendig hält. Auch hierbei kann der Gonger mehrere Generationen überspringen. Er kommt immer in der Kleidung, in der er verstorben ist, und führt seine Besuche abends oder nachts durch. Von Meerwasser durchnässt, dringt er unbemerkt ins Haus ein und legt sich in das Bett seines Verwandten. Am nächsten Morgen zeugt nur noch getrocknetes Salzwasser von seinem Besuch.

Ihren Namen haben die Gongers von dem Glauben, dass sie nach dem letzten Schlag der Kirchenglocke um Mitternacht aus dem Totenreich auferstehen würden, also nach dem letzten Gongschlag.

TIPPS & INFOS

SEHENSWERT: Schon gewusst? Die nordfriesische Insel Amrum verfügt über den größten Sandstrand in Europa. Der Kniepsand misst unglaubliche 10 km², macht also etwa ein Drittel der gesamten Insel aus. Hierbei handelt es sich um eine sehr langsam wandernde Sandbank mit feinstem Sand (www.amrum.de/kniepsand-duenen).

WELLNESS: Draußen toben Sturm und Regen, drinnen liegt man im 30 °C warmen Wasser: Das AmrumBadeland in Wittdün lässt mit der großen Saunalandschaft und Massagebädern keine Wellnesswünsche offen. Auch bei Kindern kommt keine Langeweile auf: Es locken Rutschen und Wellenbad (www.amrum-badeland.de).

INFO: www.nordsee-inseln.de/die-sagen-von-den-gonger

Ob hier wohl ein Untoter
unterwegs war?

66 KLAUS STÖRTEBEKER

Hamburgs sagenhafter Pirat

Klaus Störtebeker ist ohne Frage Deutschlands berühmtester Seeräuber. Geboren 1360 in Hamburg, lebte er ein kurzes Leben voller Taten, die im Lauf der Jahrhunderte zu Legenden wurden. Manche Historiker argumentieren, dass sich in seiner Figur Erzählungen über mehrere Personen zusammenfinden.
Ende des 14. Jahrhunderts trieben viele Seeräuber in Ost- und Nordsee ihr Unwesen und bedrohten die Schifffahrt sowie den Reichtum der Hansestädte. Besonders hatten es die Piraten auf die Schiffe der wohlhabenden Hamburger Kaufleute abgesehen. Störtebeker soll einer der Anführer der Bande Likedeeler (niederdeutsch: »Gleichteiler«) gewesen sein, die unter roter Flagge segelten. Die Bande wurde nach einer erbitterten Seeschlacht vor Helgoland im Jahr 1401 gefangen genommen. Obwohl man mit der Bande kurzen Prozess machen wollte, ranken sich um ihre Hinrichtung viele Geschichten: Demnach bat Störtebeker darum, zuerst geköpft zu werden; alsdann sollte man jenen seiner Männer das Leben schenken, an denen er kopflos vorbeiginge. An elf Piraten lief Störtebeker nach seiner Enthauptung noch vorbei – doch das Stadtoberhaupt brach sein Wort und ließ sie allesamt köpfen.
An die Hinrichtung auf dem Grasbrook erinnert heute in der Hamburger Hafencity eine große Bronzefigur. Sie steht nahe der Busanbrücke, am Störtebeker-Ufer. Die Statue zeigt den Freibeuter gefesselt und entkleidet kurz vor seiner Hinrichtung – mit erhobenem Haupt.

Schiffsmodell im Maritimen Museum in Hamburg (unten). Die Zwillingsmühlen am Alten Greetsieler Sieltief im Abendrot (links oben). Krabbenkutter im Greetsieler Hafen (rechts oben)

TIPPS & INFOS

SEHENSWERT: Wer mehr über Piraten, Schifffahrt und moderne Meeresforschung erfahren will, ist im Internationalen Maritimen Museum (Koreastr. 1 im Kaispeicher B) in der Hafencity genau richtig. Anschaulich taucht man auf neun Decks in maritime Welten ein und darf auch selbst ans Steuer (www.imm-hamburg.de).
EINKEHR: In der Hafencity gibt es schier unendliche Möglichkeiten für eine gute Einkehr. Besonders empfehlenswert ist das »Neni« (Osakaallee 12) mit internationaler Küche und Wohlfühl-Atmosphäre (www.nenihamburg.de).
INFO: www.hamburg.de

67 GREETSIEL

Letzte Schlacht eines Freibeuters

Herrschaftlich erheben sie sich über die Landschaft: Die Zwillingsmühlen des malerischen Fischerdorfs Greetsiel in Ostfriesland sind ein beliebtes Ausflugsziel für alle, die den nordischen Charme dieser Gegend lieben.

Vor Hunderten von Jahren waren die Zeiten jedoch nicht so friedlich. Nicht nur zog im 14. Jahrhundert der Freibeuter Klaus Störtebeker durch diese Gegend, um Handelsschiffe zu überfallen – über hundert Jahre später fand hier auch ein anderer Seeräuber sein Ende: der Däne Klaus Kniphoff, der einst vom abgesetzten dänischen König Christian II. angeheuert worden war. Damals war es nicht ungewöhnlich, dass Staatsoberhäupter private Seefahrer anheuerten, um die Flotten befeindeter Staaten zu überfallen. Kniphoff sollte die Schiffe der Hansestädte ausrauben, die den amtierenden König von Dänemark und Norwegen, Friedrich II., unterstützten. Nach mehreren Angriffen erklärten diese Städte Kniphoff zum Seeräuber.

Im Jahr 1525, gerade einmal 25-jährig, wurde der Däne schließlich von einer Hamburger Flotte auf See bei Greetsiel gestellt und mit seiner über 160-köpfigen Mannschaft festgenommen. Kniphoff berief sich darauf, dass er rechtmäßig gehandelt habe, weil Christian II. sich im Krieg befunden habe. Da dieser Krieg jedoch nie öffentlich deklariert worden war, wurde dies nicht anerkannt und Kniphoff wie schon Klaus Störtebeker auf dem Grasbrook in Hamburg hingerichtet.

TIPPS & INFOS

SEHENSWERT: Die schönen Zwillingsmühlen am Alten Greetsieler Sieltief, der schnuckelige Hafen und die berühmten Leuchttürme von Pilsen und Campen (der höchste Leuchtturm Deutschlands): Greetsiel und seine Umgebung haben viel zu bieten (www.greetsiel.de/sehenswuerdigkeiten).

SPEZIALITÄT: Greetsiel verfügt über eine der größten Krabbenkutterflotten der Region. Hier werden die Tiere – eigentlich Garnelen, die »Granat« genannt werden – frisch gefangen. Am schmackhaftesten sind sie auf Brot, in der Suppe oder im Rührei. Am besten kauft man sie morgens im Hafen frisch vom Kutter.

INFO: www.greetsiel.de

Abendstimmung über dem Steinhuder Meer

68 STEINHUDER MEER

Wo das erste deutsche U-Boot steht

Wäre dieses Schiff jemals gebaut worden, hätte es für sehr viel Aufsehen gesorgt: Auf der Insel Wilhelmstein auf dem Steinhuder Meer bei Hannover ist ein Modell des »Steinhuder Hechts« ausgestellt. Dabei handelt es sich um das erste U-Boot, das auf deutschem Grund gebaut worden wäre.

Es war Jakob Chrysostomus Praetorius, der im Jahr 1762 den Entwurf für das Boot vorlegte. Praetorius handelte in Absprache mit Graf Wilhelm von Schaumburg-Lippe, in dessen Dienst der Ingenieur und Offizier stand. Der Graf erhielt den Oberbefehl in Portugal, woraufhin Praetorius ihm vorschlug, ein sogenanntes Tauchboot zu konstruieren. Dies sollte nicht nur militärischen Zwecken dienen, sondern auch logistischen: Das U-Boot (das damals noch nicht so hieß) wäre eine schnelle und sichere Verbindung von Portugal bis nach Niedersachsen über die Weser gewesen.

Das Boot hätte die Form eines Fischs nachgeahmt und Segel in Form von Rückenflossen sowie eine bewegliche Schwanzflosse gehabt, die man von innen aus hätte steuern können. Ein Prototyp ist angeblich im Steinhuder Meer getaucht, weitere Details zu der Unternehmung sind leider nicht überliefert. Die Originalentwurfszeichnungen sind im Niedersächsischen Landesarchiv Bückeburg aufbewahrt. Das Modell des Boots sowie Zeichnungen hierzu kann man sich im Militärmuseum in der Festung auf der Insel Wilhelmstein ansehen.

TIPPS & INFOS

ANREISE: Vom Fischerdorf Steinhude oder vom Nordufer in Mardorf verkehren regelmäßig Schiffe vom Festland zur Insel und zurück; die Fahrt über den See dauert rund 30 Min. (www.steinhuder-meer.de).

UNTERKUNFT: Die Festung ist einmalig in Europa, da sie künstlich aufgeschüttet wurde und als uneinnehmbar galt. Heute ist hier ein schönes Ausflugsziel mit Museum, Gastronomie und Hotel entstanden – das Insel Resort lockt mit modernen Zimmern, grandiosem Ausblick und maritimem Flair (www.inselhus-wilhelmstein.de).

INFO: www.steinhuder-meer.de/poi/steinhuder-hecht

Bei Sturm sieht man vor Emden ein großes Segelschiff über das Meer geistern.

69 EMDEN

Die Legende vom Geisterschiff

Die größte Stadt in Ostfriesland wird als alter Handelsstandort bis heute maßgeblich von ihrem Hafen geprägt. Früher war Emden umgeben von Stadtmauern, der Handel florierte, und Schiffe aus aller Welt legten im Hafen an. Eines Tages aber verdunkelte sich der Himmel und ein gewaltiger Sturm brach über die Stadt herein. Die Nordsee geriet in Aufruhr und warf sich in Wellen gegen die Mauern der Stadt. Für diesen Abend wurde noch ein Schiff erwartet, das lange unterwegs gewesen war.

Zu später Stunde tauchte es plötzlich auf, mit weißen, geblähten Segeln. Menschen versammelten sich im Hafen, um zu sehen, wie das Schiff sicher einlaufen würde. Sie hörten die Rufe des Kapitäns und sahen die dunklen Gestalten der Mannschaft an Deck. Plötzlich aber brauste der Wind auf und die Wellen wurden riesenhaft groß. Die Menschen baten den Hafenwärter, ein Boot hinauszuschicken, um den Männern zur Hilfe zu kommen. Der Hafenwärter aber weigerte sich, obwohl sich sein eigener Sohn an Bord befand, denn der Kapitän war sein größter Feind. Der Wind heulte laut und auf einmal wurde das Schiff erst angehoben und schließlich unter Wasser gedrückt. Alle Männer an Bord starben.

Noch immer sieht man heute, wenn ein Sturm droht, nachts ein großes Segelschiff auf dem Wasser, und die Luft ist erfüllt von den Todesschreien der unglückseligen Mannschaft.

TIPPS & INFOS

SEHENSWERT: Das ist kein Seemannsgarn: In Emden steht ein Spaßmuseum, das dem berühmtesten Ostfriesen der Welt, dem Komiker Otto, gewidmet ist. Wer gar nicht genug von Ottos Ottifanten, von seinen TV-Auftritten, Sketchen und Kinofilmen bekommen kann, ist im Otto Huus (Große Str. 1) genau richtig.

UNTERKUNFT: Wer in Emden übernachtet, sollte sich den Blick aufs Wasser auch vom Hotelzimmer aus nicht entgehen lassen. Am stilvollsten geht das im Hotel am Delft (Am Delft 27), einem modernen Haus mit 120 Zimmern in historischem Ambiente (www.hotel-am-delft.de).

INFO: www.emden-touristik.de

Geisterhaus: Hunderte leer stehende alte Gebäude gibt es auf der Halbinsel Wustrow.

Am Kiesstrand der Ostsee
vor Wustrow

70 HALBINSEL WUSTROW

Geisterstadt an der Ostsee

Von hier aus kann man beinahe Dänemark sehen: Das Ostseebad Rerik liegt malerisch zwischen Wald und Meer, nicht weit von Wismar und Rostock. Nur wenige Hundert Meter hinter der 2100-Einwohner-Stadt findet man einen einmaligen verlassenen Ort: die Halbinsel Wustrow. Gerade einmal zehn Quadratkilometer groß, maximal 2,5 Kilometer breit und gut fünf Kilometer lang, umweht diese Insel eine ganz besondere Atmosphäre. Denn: Hunderte Wohnhäuser stehen hier leer und sind der Natur und der See schon seit Jahrzehnten ausgeliefert.

Früher befand sich hier ein landwirtschaftliches Gut. Zwischen den 1930er- und den 1990er-Jahren nutzten Militärs die Halbinsel, und auf rund 100 Hektar entstanden Gebäude. In der NS-Zeit eine Flakartillerieschule, ging das Gelände später an die Rote Armee über. Neben Baracken, Sport- und Übungsanlagen gab es hier auch Stallungen, Bäckereien und ein Kino. Mitunter lebten mehrere Tausend Soldaten im Ort. Ein Teil der Insel war auch während der militärischen Nutzung bewohnt.

Die letzten Soldaten wurden 1993 verabschiedet und die Halbinsel ging in den Besitz der Bundesrepublik über, die sie schließlich einem privaten Investor verkaufte. Seit gut 25 Jahren gehen die Planungen für die Insel aber nicht recht voran, zu weit gehen die Vorstellungen des Investors und die Wünsche des Stadtrats auseinander, und der Investor verwehrte daher jahrelang den Zutritt zur Insel.

Inzwischen sind Planwagenfahrten und Führungen wieder möglich. Nicht alle Teile der Insel dürfen allerdings betreten werden. Die ehemaligen militärischen Gebiete sind bis heute abgesperrt – zu groß, heißt es auf den Warnschildern, sei die Gefahr durch eventuell zurückgebliebene Munition. Im südwestlichen Teil der Insel ist ein Naturschutzgebiet eingerichtet.

Ein Besuch lohnt sich dennoch, schon die Anfahrt ist etwas Besonderes: Über die schmale Landzunge Wustrower Hals zwischen Ostsee und Salzhaff geht es hinüber auf die bewaldete Halbinsel. Diese Landzunge entstand erst später, ursprünglich war Wustrow komplett vom Festland abgetrennt.

»DIE LANDZUNGE WUSTROWER HALS WURDE IN DEN JAHREN 1872 UND 1874 BEI HEFTIGEN STURMFLUTEN DURCHBROCHEN.«

TIPPS & INFOS

SPEZIALITÄT: Fisch-Fans kommen hier auf ihre Kosten: In der Erlebnisräucherei Scheller in Rerik (Zum Dolmen 3) wird seit vier Generationen Fisch gefangen, schmackhaft zubereitet und serviert. Zudem erfährt man von der Familie Scheller viel Wissenswertes über Fisch. Für die Räucherei wird um Reservierungen gebeten (www.erlebnisraeucherei-scheller.de).

AKTIV: Die Umgebung rund um Rerik lässt sich am besten per Fahrrad erkunden: Der Ostseeradweg führt direkt am Erholungsort vorbei und an der malerischen Küste entlang. Leihräder und gute Beratung gibt es im Zweiradcenter in Rerik (Am Haff 2; www.2radshop-rerik.de).

INFO: www.rerik.de/ostseebad-rerik

Blitz und Donner über der Ostsee vor Fischland Darß-Zingst

71 DIE STADT VINETA

Wegen Hochmuts dem Untergang geweiht

Sie soll irgendwo vor der Küste Mecklenburg-Vorpommerns liegen: die sagenhafte Stadt Vineta. Unterschiedliche Standorte werden vermutet, so z. B. vor Kap Arkona vor Rügen, vor Koserow auf Usedom (sie taucht hier sogar in einigen Karten auf), am Standort des heutigen Wolin, einer Insel in der polnischen Woiwodschaft Westpommern, oder in der Nähe der Stadt Barth vor Fischland Darß-Zingst. Immer wieder wurde im Lauf der Jahrhunderte von alten Städten berichtet, deren Beschreibung auf Vineta passt. Es könnte daher sein, dass es im frühen Mittelalter eine solche Stadt tatsächlich gab, die aber Julin hieß oder identisch mit der zerstörten Festung Jomsburg war.

Der Erzählung nach ging die Stadt in einem gewaltigen Hochwasser unter, weil ihre Einwohner zu hochmütig waren – sie sollen große Spötter gewesen sein und verschwenderisch gelebt haben. Und doch wurden die Menschen laut Sage vor ihrem Untergang gewarnt: Drei Monate, drei Wochen und drei Tage vor den schrecklichen Geschehnissen sei ihnen ein farbiges Abbild der Stadt über dem Meer erschienen. Daraufhin riefen die Weisen der Stadt die Bewohner dazu auf, Vineta zu verlassen, da ihr Untergang bevorstünde. Doch die Menschen hörten nicht auf die Alten, und auch die Warnungen einer sagenhaften Wassernixe interessierten sie nicht. Noch heute sind angeblich Glocken aus der Tiefe des Meeres zu hören.

TIPPS & INFOS

SEHENSWERT: Obwohl es keine wissenschaftlichen Beweise dafür gibt, dass sich Vineta einst hier befand, hat sich der Erholungsort Barth den Beinamen »Vinetastadt« gegeben. Es gibt sogar das Vinetamuseum, das u. a. dem Mythos nachspürt (Lange Str. 16; www.vineta-museum.de).

AUSSICHT: Wo Vineta auch immer liegen mag: Eine Übersicht über mögliche Standorte verschafft man sich am besten aus der Höhe – und das nirgendwo malerischer als vom 30 m hohen Leuchtturm auf der Halbinsel Darß am naturbelassenen Darßwald (www.zingst.de/leuchtturm-darsser-ort).

INFO: www.stadt-barth.de

Einlaufparade der Gorch Fock vor Bremerhaven – hoffentlich ohne Klabautermann an Bord

72 DER KLABAUTERMANN

Bremerhavens freundlicher Schiffskobold

Wer ihn zu Gesicht bekommt, weiß, dass der Untergang nahe ist: Wenn sich der Klabautermann an Deck eines Schiffs zeigt, ist dieses der Zerstörung geweiht! Ansonsten ist der Klabautermann eigentlich ein friedliebender Kobold, der gern Schabernack treibt. Der Sage nach lebt er meist unter Deck, wo er herumlärmt. Er klopft die Planken des Schiffes auf Lecks oder faulige Stellen ab, repariert sie entweder selbst oder macht einen solchen Lärm, dass der Zimmermann aufhorcht.

Manchmal kommt der Kobold – allerdings für die Menschen nicht sichtbar – auch an Deck, klettert in die Takelage oder steigt in den Mast hoch. Das hat sein Gutes, denn so kann er den Kapitän des Schiffs vor Gefahren warnen. Damit sich der Klabauter nicht zeigt, wurden früher Hühner an Deck gehalten, die den Kobold abschrecken sollten. Er soll die Gestalt eines Seemanns mit entsprechender Mütze, Uniform und Pfeife haben, jedoch meist kleiner sein als ein Erwachsener; oft wird er auch mit roten Haaren und grünen Zähnen abgebildet. Wie der Schiffsgeist allerdings genau aussieht, weiß natürlich niemand.

Kein Ort in Deutschland ist so eng mit der Schifffahrt verbunden wie Bremerhaven. Kein Wunder also, dass die Stadt dem nützlichen Kobold eine Steinskulptur gewidmet hat, die als Brunnen einen eigenen Platz krönt. Zu finden ist diese Reminiszenz an alte Seefahrertage beim Parkplatz des Deutschen Schifffahrtsmuseums.

TIPPS & INFOS

SEHENSWERT: Das Deutsche Schifffahrtsmuseum, das Deutsche Auswandererhaus und der Museumshafen machen die Zeit von großen Segelschiffen, Weltumseglungen und Auswanderungen nach Amerika wieder lebendig. Die vielen Themenwelten sind spannend für die ganze Familie (www.dsm.museum; www.dah-bremerhaven.de).

EINKEHR: Wer einen Hafen nur mit Stahl und Beton in Verbindung bringt, wird hier eines Besseren belehrt: Die Spitze des Hafens bildet ein waschechter Strand mit Café, Restaurant und – natürlich – Fischbrötchen (www.gastroteam-venhofen.de).

INFO: www.bremerhaven.de

Sturm über Kampen auf Sylt

73 SYLTER SAGENWELT

Der Meermann Ekke Nekkepenn

Sein Name ist so kurios wie sein Aussehen: Ekke Nekkepenn lebt als Meermann gemeinsam mit seiner Frau Rahn auf dem Grund der Nordsee und drangsaliert Seeleute sowie die Bewohner von Sylt und anderen nordfriesischen Inseln.

Bekannt wurde der Meermann vor allem durch die Erzählungen des Sylter Heimatforschers Christian Peter Hansen. So wird berichtet, dass Ekke Nekkepenn die Frau eines Kapitäns einst um Hilfe bat: Die Geburt seines Kindes stand kurz bevor. Die Frau stieg mit dem beschuppten Meermann auf den Meeresgrund hinab und tauchte nach der erfolgreichen Geburtshilfe reich beschenkt wieder auf.

Ekke Nekkepenn konnte die Frau nicht vergessen. Als er sie eines Tages auf einem Schiff wiederentdeckte, ließ er alle Menschen bis auf sie untergehen. Der Meermann verwandelte sich in einen Seefahrer, begegnete an Land bei Rantum auf Sylt jedoch der Tochter der Kapitänsfrau, Inge von Rantum, und nahm sie gegen ihren Willen zur Frau. Freilassen wollte er sie nur, wenn sie seinen Namen sagte – doch niemand auf der Insel kannte den Fremden. Zufällig belauschte die Tochter Ekke Nekkepenn eines Abends, sprach seinen Namen aus und kam frei. Wütend kehrte der Meermann in die See zurück – seinen Zorn bekommen die Inselbewohner in Stürmen und Fluten immer wieder zu spüren.

Liedermacher Reinhard Mey bezog sich in seiner Ballade »Der Fischer und der Boss« auf die Sagengestalt und der Schriftsteller Theodor Storm schrieb über den Meermann in seiner Novelle »Die Regentrude«.

TIPPS & INFOS

EINKEHR: Der Ort Rantum liegt malerisch an der schmalsten Stelle Sylts zwischen Westerland und Hörnum. Kultstatus hat hier das Restaurant Sansibar, das viel Platz, einen wunderbaren Meerblick, Weine und edle Speisen bietet (Hörnumer Str. 80; www.sansibar.de).

SPEZIALITÄT: Der Blick auf die Fluten lässt sich von keiner anderen Sitzgelegenheit aus so entspannt genießen wie in einem echten Sylter Strandkorb. Die werden in der Strandkorbmanufaktur in Rantum auf Wunsch individuell angefertigt (Hafenstr. 10; www.meinstrandkorb.de).

INFO: www.insel-sylt.de/rantum

Das weiße Schloss auf der Pfaueninsel

»KÖNIG FRIEDRICH WILHELM II. STARB 1797, KURZ NACHDEM SEIN WEIẞES LUSTSCHLOSS FERTIGGESTELLT WURDE.«

74 DIE PFAUENINSEL

Ort der seltsamen Experimente

Schon von Weitem leuchten sie dem Besucher entgegen: die weißen Gebäude der Pfaueninsel. Das Eiland zwischen Potsdam und Berlin ist aus vielerlei Gründen bemerkenswert. Spannend ist vor allem seine Geschichte, da einst ein zwielichtiger Zeitgenosse die Insel geschenkt bekam und hier merkwürdige Experimente durchführte.

Johannes Kunckel zeigte schon früh Interesse an der Chemie und besonders der Glasherstellung, da sein Vater eine Glashütte besaß. Sein Leben lang beschäftigte er sich mit Metallen und ihren eigenartigen Verbindungen. Er stand in der Dienerschaft mehrerer Landesfürsten und arbeitete in Laboratorien. Bald munkelte man, dass Kunckel als Alchemist – also als ein Wissenschaftler, der sich mit der Eigenschaft und Reaktion von Elementen beschäftigt – vor allen Dingen Gold herstellen wollte.

Im Jahr 1685 schenkte der damalige Kurfürst von Brandenburg Kunckel die Pfaueninsel, da er sich in der Glasherstellung bewiesen hatte. Der Glasmacher schottete sich auf der Insel ab, wurde nur ab und zu vom Kurfürsten besucht. Geräusche, Gerüche und Rauchschwaden ließen die Anwohner bald vermuten, dass Kunckel verbotene Experimente durchführte und schwarze Magie betrieb. Vor allem aber stellte Kunckel verschiedene Glassorten her.

Das Laboratorium der Insel brannte im Jahr 1689 komplett nieder, und da ihn der Sohn des Kurfürsten nicht mehr unterstützte, war Kunckel bald ruiniert und wanderte nach Schweden aus. Was er auf der Pfaueninsel einst alles hergestellt hatte, ist bis heute unklar.

TIPPS & INFOS

SEHENSWERT: Wer die Ruhe sucht, ist auf der Pfaueninsel genau richtig, bietet sie doch einen schönen Landschaftspark, Berlins ältesten Rosengarten und ein Schloss. Teile der Insel sind UNESCO-Welterbe (www.spsg.de/schloesser-gaerten).

AKTIV: Berlin und Potsdam bilden das Herz der deutschen Filmindustrie. Fans kommen im Filmpark Babelsberg auf ihre Kosten, knapp 10 km von der Insel entfernt. Zu sehen gibt es hier natürlich viele Originalsets, Shows und Shops (www.filmpark-babelsberg.de).

INFO: www.berlin.de/sehenswuerdigkeiten

75 BERICH IM EDERSEE

Versunken, aber nicht vergessen

Eine moderne Version des sagenhaften Atlantis findet man im hessischen Edersee, mit rund zwölf Quadratkilometern einer der größten Stauseen Deutschlands: Hier liegen die Überreste von mehreren Dörfern. Berich, Bringhausen und Asel mussten weichen, als die Edertalsperre gebaut wurde, um die Schifffahrt auf der Weser auch im Sommer möglich zu machen.

Am besten erhalten sind die Überreste von Berich. Das Dorf lag ursprünglich etwa zwei Kilometer von Schloss Waldeck entfernt am nördlichen Ufer des Sees auf einer kleinen Anhöhe. Noch im Jahr 1899 wurde eine massive Steinbrücke am Ort gebaut, doch schon wenige Jahre später musste das jahrhundertealte Dorf aufgegeben werden: Es lag auf 232 Metern über Normalnull und damit 13 Meter unter dem Wasserstand, den der Edersee nach Fertigstellung der Staumauer erreichen würde. Zwischen den Jahren 1908 und 1914 wurde die Talsperre erbaut und gemeinsam mit den Familien aus dem Ort Bringhausen, der ebenfalls weichen musste, wurden die 134 Einwohner rund 30 Kilometer entfernt bei Bad Arolsen angesiedelt. Hier entstand Neu-Berich. Sogar die steinerne Kirche des alten Orts kam mit und wurde wieder neu aufgebaut; nur die Gräber des Friedhofs mussten bleiben und wurden mit schweren Betonplatten bedeckt.

Ein Förderverein kümmert sich heute darum, dass die Überreste des ehemaligen Orts erhalten bleiben.

TIPPS & INFOS

AKTIV: Sichtbar und begehbar wird das alte Berich ab einem Wasserstand von 231 m ü. NN. Die Überreste der alten Ederbrücke tauchen ab einem Wasserstand von 216 m ü. NN. wieder auf. Die Edersee-Atlantis-App lässt mithilfe von Augmented Reality Alt-Berich auf dem Smartphone wieder auferstehen (www.edersee.com).

UNTERKUNFT: Lust auf Luxus und einmalige Ausblicke? Dann ist das Hotel Schloss Waldeck hoch über dem Ufer des Edersees genau das Richtige: Das 4-Sterne-Hotel ist modern in Szene gesetzt in einer Burg aus dem 11. Jh. untergebracht (www.schloss-hotel-waldeck.de).

INFO: www.edersee.com/de/erleben

Die Überreste des Dorfes Berich am Nordufer der Edersees

Der Edersee ist einer der größten Stauseen Deutschlands (links). Das prachtvolle Barockschloss in Ahaus an der Aa (rechts)

76 AHAUS AN DER AA

Wo das Wasserweibchen lebt

Das malerische Ahaus liegt im westlichen Münsterland und quer durch die 40 000-Einwohner-Stadt fließt der Fluss Aa. An seinem Ufer, erzählt man sich, stand früher ein Bauernhof. Der Bauer war arm und schuftete hart, um seine Familie zu ernähren. Fleisch gab es wenig, doch hin und wieder hatte der Mann Glück beim Angeln. Als er eines Tages am Ufer saß, fiel ihm ein Bündel im Wasser auf – doch da es sich nur um Pflanzen handelte, warf er es verächtlich zurück in den Fluss. Plötzlich begann das Wasser zu sprudeln, und ein Wasserweibchen kam empor. Das Wesen tadelte den Bauern dafür, die Algen fortgeworfen zu haben, ohne sie als Geschenk anzusehen. Als der Bauer sich entschuldigte, ließ das Wesen Milde walten und schenkte ihm einen goldenen Angelhaken, der ihm Glück beim Fischen bringen sollte – jeden zehnten Fisch, mahnte sie jedoch, solle der Bauer einem Bedürftigen geben. Durch den guten Fang wurde der Bauer allmählich wohlhabend. Anfangs hielt er sich noch an sein Versprechen und bedachte die Armen, doch mit den Jahren vergaß er dies. Als er wieder einmal am Ufer saß, ruckte es plötzlich an der Angelschnur – und der goldene Haken war verschwunden. Stattdessen sprudelte das Wasser der Aa und färbte sich blutrot. Der hochmütige Bauer flüchtete vor Schreck und musste von da an in Armut weiterleben.

TIPPS & INFOS

SEHENSWERT: Mitten in der Innenstadt liegt das prächtige Barock-Wasserschloss, umgeben von einem Burggraben. Schon die Außenanlagen sind sehenswert, und im Inneren befindet sich ein Museum (www.muensterland.com/tourismus).

EINKEHR: Ob Großbritannien noch zur EU gehören möchte oder nicht, ist hier egal: Im »Unbrexit« wird ordentlich der britischen Pub-Kultur gedacht – es gibt eine gut gefüllte Bar, typisches Pub-Food, Events und auch Hotelzimmer (Hindenburgallee 2; www.unbrexit.pub).

INFO: www.stadt-ahaus.de

In den Wassern der Saale bei Jena soll eine Nixe ihr Unwesen treiben.

77 JENA
Die Opfer der Saalenixe

Durch die trubelige Universitätsstadt Jena fließt die Saale – und diese birgt ein schreckliches Geheimnis. Hier lebt laut Sage die Saalenixe, die immer am Johannistag, dem 24. Juni, ihre Opfer fordert. Deshalb vermieden es Fischer früher zu dieser Zeit, auf dem Fluss zu angeln, und Einwohner gingen dann nicht an die Ufer, um ihr Glück nicht herauszufordern. Sogar Fähren fuhren nicht, und Flößer ließen ihr Gewerbe ruhen.

Die Saalenixe, so erzählt man sich, hat schon oft unachtsame Menschen ins Verderben gerissen. Einst schwamm ein Metzger durch den Fluss, ohne der alten Sage Glauben zu schenken. Dies geschah im Ortsteil Paradies (hier gibt es noch heute noch ein Wehr sowie einen Park direkt am Flussufer). Der Fleischer wurde plötzlich an den Füßen gepackt und festgehalten, doch zum Glück befanden sich Menschen in der Nähe und hörten seine verzweifelten Hilferufe. Mit großer Kraft gelang es ihnen, den Metzger zu befreien. Als sie ihn an Land zogen, entdeckten sie die blutigen Spuren von Krallen an seinen Beinen und Füßen.

Schlimm erging es auch einem Maler, der versuchte, die Nixe hervorzulocken. Er setzte sich ans Flussufer und spielte ein Lied, von dem er wusste, dass es der Nixe gefallen würde. Als das Wesen tatsächlich aus dem Wasser kam, verwirrte ihn dessen Schönheit so sehr, dass er den Verstand verlor und im Fluss verschwand.

TIPPS & INFOS

SEHENSWERT: Märchen-Fans aufgepasst: Unweit des Bahnhofs Jena-Paradies, auf der gegenüberliegenden Flussseite, steht mitten im schönen Volkspark Oberaue der Froschkönigbrunnen, der an dieses Märchen erinnert. Der Park lädt außerdem zu Kultur, Sport und natürlich Entspannung ein (www.visit-jena.de/sehen-und-erleben).

EINKEHR: Jena ist bekannt für seine Kultur und sein junges Publikum. Das kann man gut im Theatercafé nahe dem Theaterhaus und in Schillers Gartenhaus erleben. Hier gibt es täglich wechselnde Gerichte, auch für Vegetarier, leckere Drinks und entspannte Sitzmöglichkeiten (Schillergässchen 1; (www.theatercafe-jena.com).

INFO: www.visit-jena.de

Ein müder Riese ist der Sage nach für die Entstehung von Riesa verantwortlich.

78 RIESA Der Riese und die Stadt an der Elbe

Idyllisch kuschelt sich Riesa heute ans Ufer der Elbe, doch wie die Stadt vor grauer Vorzeit hierhergekommen ist, davon erzählt eine ganz besondere Sage: Einst befand sich ein Riese auf Wanderschaft entlang des Flusses. Als die Zeit für eine Rast gekommen war, setzte sich der Riese ans Ufer. Da ihn seine Stiefel drückten, zog er sie aus, und siehe da: Steine und Sand fielen heraus, und zwar so viel, dass ein Hügel entstand – für einen Riesen natürlich nur ein unbedeutendes Häuflein, für die kleineren Menschen aber ein gewaltiger Berg. Darauf, so heißt es in der Sage weiter, errichteten Mönche später ein Kloster. Tatsächlich wurde an dieser Stelle im Jahr 1119 ein Kloster gegründet, das den Anfang der Siedlung darstellte; es ist das älteste bekannte Gebäude in der Gegend. Um das Kloster herum entstand mit den Jahrhunderten die Stadt Riesa – sie hieß ursprünglich Riezowe, was in etwa »Stadt am Fluss« bedeutet.

Von wann die Sage stammt, ist unklar, aufgezeichnet wurde sie erst im 18. Jahrhundert. Riesa ist so eng mit der Erzählung verwoben, dass sich der Riesaer Riese auch in einer Variante des Stadtwappens wiederfindet: Er thront, mit Eichenlaub gekrönt und mit einer Keule in der Hand, über dem Wappen und gilt als Schutzpatron der Stadt, von der die Einwohner sogar den Namen ihrer Heimat ableiten.

TIPPS & INFOS

EINKEHR: Wer die Riesensage mag, muss hier einkehren, denn der Betreiber der Gastronomie und Brauerei Hammerbräu verkörpert regelmäßig die geliebte Sagengestalt – hier im »Riesenhügel« gibt es regionale Küche, selbst gebrautes Bier und Events (Bahnhofstr. 24; www.hammerbräu.de).

UNTERKUNFT: Riesa liegt am wunderbaren Elberadweg (www.elberadweg.de), daher lässt sich die Stadt auch mit dem Fahrrad erkunden. Eine idyllische und praktisch am Radweg gelegene Unterkunft ist das Hotel Moritz an der Elbe mit über 30 Zimmern, Restaurant und tollem Ausblick (www.hotel-moritz.de).

INFO: www.riesa.de

Rund um den verwunschenen Hollenteich kann man herrlich wandern.

79 DER HOLLENTEICH

Tor zu einem märchenhaften Reich

Sein Aussehen ist unscheinbar, doch man sollte sich davon nicht täuschen lassen: Der Hollen- oder Frau-Holle-Teich ist ein sagenumwobenes Gewässer im Werra-Meißner-Kreis im nördlichen Hessen. Umgeben von Wäldern und Wiesen, ist der See im Umkreis von gut 50 Kilometern der höchste Punkt im Mittelgebirge Hoher Meißner. Wie sein Name verrät, ist der See eng mit der märchenhaften Frau Holle verknüpft, die es beim Kissenschütteln aus ihrem Fenster schneien lassen kann und Belohnungen für gute Mädchen und Strafen für ungezogene bereithält. Durch dieses Märchen erlangte die Gegend auch überregional Bekanntheit.

Der Sage nach ist der See unendlich tief und bildet den Eingang zum Reich der Frau Holle. Zuerst wurde der Teich im Jahr 1641 durch einen Landgrafen beschrieben, der das Gewässer in Verbindung mit Erzählungen über Frau Holle brachte. Eine weitere Aufwertung erhielt der Teich, als die Gebrüder Grimm ihm im frühen 19. Jahrhundert einen Besuch abstatteten und ihn in ihren »Deutschen Sagen« beschrieben. Der Hollenteich scheint jedoch sehr viel älter zu sein, da Werkzeuge aus der Steinzeit sowie Goldstücke aus der Zeit nach Christi Geburt in ihm gefunden wurden.

Am Waldrand stehen heute zwei verschiedene Frau-Holle-Statuen. Sie erinnern nicht nur an die Dame aus dem Grimm'schen Märchen von der Gold- und der Pechmarie, sondern auch an die mütterliche Gottheit, die Frau Holle ursprünglich gewesen sein soll.

TIPPS & INFOS

ANREISE: Rund um den Hollenteich gibt es mehrere Wanderparkplätze (und für Winterfreunde auch einen Loipenparkplatz). Der See liegt nur wenige Meter von der L3242 entfernt, die von Kammerbach aus auf die L3241 zwischen Meißner-Vockerode und Hess. Lichtenau-Velmeden stößt.

AKTIV: Vom See weg starten mehrere Wanderwege, z. B. der »Hoher Meißner P1«, ein 13 km langer Rundwanderweg durch den Geo-Naturpark Frau-Holle-Land.

INFO: www.naturparkfrauholle.land

Am Glaswaldsee im Schwarzwald lebten einst die sagenhaften Seemännlein.

80 DER GLASWALDSEE

Die Seemännlein vom »blauen Auge«

Mitten im Schwarzwald liegt ein wahrhaft sagenhafter See: Im Glaswaldsee zwischen den Orten Bad Rippoldsau-Schapbach und Bad Peterstal-Griesbach lebten einst außergewöhnliche Männlein – sie waren klein wie Kinder und sahen Menschen ähnlich, ihre untere Hälfte war jedoch mit Schwanz und Flossen wie die eines Fischs geformt. Auch besaßen sie die Gabe, sich unsichtbar zu machen.

Ein Seemännlein befreundete sich mit den Menschen, die nah am Glaswaldsee lebten. Es arbeitete tagsüber mit ihnen auf dem Hof und kehrte nur nachts in den See zurück. Stets musste man dem Männlein sagen: »Nicht zu wenig und nicht zu viel!«, ansonsten arbeitete es eben zu wenig oder zu viel. Es wollte keinen Lohn haben und wehrte sich dagegen, dass die Menschen seine zerschlissene Kleidung ausbesserten. Als ihm eines Tages ein Bauer aber doch ein neues Kleidungsstück schenkte, verbeugte sich das Männlein tief und kündigte an, ab dem nächsten Tag nicht mehr zurückzukehren. Der Bauer versuchte, das Männlein zum Bleiben zu überreden, doch dieses wurde nie wieder gesehen. Der Glaswaldsee liegt tief im Wald und gilt wegen seiner abgeschiedenen und ursprünglichen Atmosphäre als besonders schönes Gewässer. Der sogenannte Karsee, ein kesselförmiger Bergsee, der ob seines klaren Wassers auch als »blaues Auge« bezeichnet wird, wurde von Gletschern geformt. Er ist rund elf Meter tief und drei Hektar breit.

TIPPS & INFOS

ANREISE: Den Glaswaldsee kann man nur zu Fuß erreichen. Zum See führen mehrere Wanderwege, z.B. der Höhenweg von Bad Griesbach aus, vom Wanderparkplatz Mülbensattel aus oder vom Wanderparkplatz Rippoldsau-Schapbach (Strecke: 1 km). Sehr schön ist der Blick auf den See von der Seeebene auf 960 m Höhe.

EINKEHR: Eine besondere Unterkunft mitten im Schwarzwald: Die Forst Baden-Württemberg ermöglicht Wanderern das Übernachten in Schutzhütten in der Umgebung, z.B. in der Karlshütte (www.ferienhuetten-schwarzwald.de).

INFO: www.nationalparkregion-schwarzwald.de

Unterhalb des Loreley-Felsens kam es immer wieder zu Schiffsunglücken im Rhein.

81 DIE LORELEY

Des Rheins markantester Felsen

»Ich weiß nicht, was soll es bedeuten, dass ich so traurig bin; ein Märchen aus alten Zeiten, das kommt mir nicht aus dem Sinn …«: Heinrich Heines berühmtes Gedicht über die Loreley-Sage steht für die Melancholie und Schönheit der Rhein-Region. Die Loreley bezeichnet eigentlich einen markanten Felsen bei Sankt Goarshausen, um den der Rhein eine sanfte Biegung macht. Der Schieferfelsen gehört zur einzigartigen Kulturlandschaft Oberes Mittelrheintal, ein UNESCO-Welterbe.

Seit einem Roman des romantischen deutschen Schriftstellers Clemens Brentano, in dem von einer Nixe erzählt wird, gibt es den Mythos der Wasserfrau hoch auf dem Felsen. Alt ist die Sage also noch nicht: Der Roman stammt von 1801. Schon lange vorher wurden jedoch Nymphen und andere Fantasiegestalten für Strömungen und Echos am Loreley-Felsen verantwortlich gemacht.

Brentanos Märchenfigur Loreley in Verbindung mit den seltsamen Klängen am Felsen war so beliebt, dass eine Kunstsage daraus entstand: Die Schönheit der Wasserfrau sowie ihr lieblicher Gesang, heißt es seitdem, ziehen jeden Mann in ihren Bann – was bei Seefahrern fatale Folgen für den Schiffsverkehr auf dem Rhein hat. Tatsächlich galt die Schiffspassage unterhalb des markanten Felsens lange als äußert schwierig zu manövrieren: Unter Wasser liegende Felsen verursachten Strömungen und waren gefährlich. Auch heute noch ist das Befahren dieses Abschnitts bei niedrigem Wasserstand nicht ohne Risiko.

TIPPS & INFOS

SEHENSWERT: Klassischer kann man das Rheintal unterhalb der Loreley nicht erleben als bei einer malerischen Schifffahrt. Zu sehen gibt es Burgen, Weinberge und alte Ortschaften (z. B. www.loreley-linie.de).

UNTERKUNFT: Sankt Goarshausen ist der ideale Ausgangspunkt für Entdeckungstouren entlang des Rheins. Das Hotel Nassauer Hof mitten im Ort bietet neben Zimmern auch eine eigene Weinwirtschaft mit regionalen Spezialitäten (Bahnhofstr. 22; www.nassauer-hof-loreley.de).

INFO: www.loreley-touristik.de

Der Brückenturm der Nibelungen-Rheinbrücke in Worms

82 NIBELUNGENSTADT WORMS

Sagenhafter Schatz im Rhein

Liebe, Verrat, Tod, Könige und Drachen: Das Nibelungenlied um Kriemhild und den Drachentöter Siegfried passt hervorragend zur herzzerreißenden Romantik des Rheins. Die meisten Szenen des Heldenepos, das um das Jahr 1200 niedergeschrieben wurde, spielen in und um Worms. Ein Ort wird darin jedoch nicht genauer genannt, der allerdings fieberhaft gesucht wird: die Stelle im Rhein, an der der Sage nach einst der unermesslich große Schatz der Nibelungen versenkt wurde.

In dem rund 2400 Strophen umfassenden Lied wird berichtet, wie Kriemhild dem Vasallen Hagen einst arglos erzählt, dass ihr Gemahl Siegfried an nur einer Stelle am Körper verwundbar sei: zwischen den Schulterblättern. Hagen ermordet den Drachentöter daraufhin mit einem Lanzenstoß.

Siegfried war im Besitz eines großen Schatzes, den er wiederum vom König Nibelung im Kampf gegen Hunderte Gegner bekommen haben soll. Dieser Schatz geht an die Witwe Kriemhild, mit dem sie Kämpfer nach Worms locken will, um den Tod ihres Geliebten zu rächen. Hagen handelt, stiehlt Kriemhild den Schatz und versenkt ihn im Rhein. Dieser sogenannte Nibelungenhort ist so umfangreich, dass der Erzählung nach zwölf Leiterwagen vier Tage lang fahren mussten, um alles Gold heranzukarren. Nur Hagen und die Burgunderkönige wissen, wo der Schatz versenkt wurde – doch Schatzsucher hoffen bis heute auf den Fund ihres Lebens! Als am wahrscheinlichsten gilt im Übrigen die Flussbiegung bei Hamm am Rhein …

TIPPS & INFOS

SEHENSWERT: Im Nibelungenmuseum Worms wird der Besucher auf eine multimediale Reise durch das Epos von Siegfried und Kriemhild mitgenommen, präsentiert in der alten Wormser Stadtmauer (Fischerpförtchen 10; www.nibelungenmuseum.de).

SPEZIALITÄT: Worms ist eine »Weinstadt« und besonders empfehlenswert ist ein Abstecher samstags auf den Wochenmarkt, wo die hiesigen Winzer zum Probieren einladen, Tipps geben und die edlen Tropfen verkaufen (www.weinstadt-worms.de).

INFO: www.worms-erleben.de

Mystisch und wunderschön: die Rakotzbrücke

»Der Park ist mit dem Auto sowie auch mit der Waldeisenbahn Muskau von Weißwasser aus gut zu erreichen.«

83 Die Rakotzbrücke

Wie aus dem Märchenbuch

Dieses Bauwerk wirkt wie das Tor zu einer anderen Welt – die Rakotzbrücke im Rhododendronpark Kromlau im Landkreis Görlitz spannt sich auf 35 Metern Länge über den Rakotzsee. Ihr Anblick ist spektakulär: Durch die Spiegelung der halbrunden Brücke im Wasser sieht es aus, als würde sie einen perfekten Bogen schlagen. Auch wenn ihr Name eigentlich Krebsbrücke lautet (»Rakotz« bedeutet im Sorbischen Krebs) und vom gleichnamigen See abstammt, wird sie wegen ihrer Aura volkstümlich als Teufelsbrücke bezeichnet. Vielleicht trug zu dem Namen auch der tragische Tod eines Zimmermanns bei der Fertigstellung der Brücke bei. An ihn erinnert eine Gedenktafel.

Die Brücke wurde zwischen den Jahren 1863 und 1882 erbaut und besteht aus Basalt- und Feldsteinen. Betreten kann man sie nicht mehr, was ihrer mystischen Aura aber eher noch mehr Ausdruck verleiht. Die Brücke ist neben dem Herrenhaus das beeindruckendste Bauwerk des Rhododendronparks, der mit seinen rund 200 Hektar eine der größten Parkanlagen Sachsens ist. Entstanden ist er aus den Anlagen eines ehemaligen Ritterguts, gestaltet wurde er ab Mitte des 19. Jahrhunderts. Noch heute besticht der Park durch seine botanische Vielfalt, die Skulpturen, Grotten und sein harmonisches Erscheinungsbild, das ihn zu einem perfekten Ausflugsziel macht.

Nach langen Sanierungsarbeiten ist die Brücke nun komplett wiederhergestellt und von ihrem Baugerüst befreit. Saniert wurden seit dem Jahr 2017 nicht nur die Brücke, sondern auch eine in den 1950er-Jahren eingestürzte Grotte in der Nähe, eine Gruppe von Basaltsäulen im See sowie zahlreiche Wege, die durch den Park führen. Jüngst wurde der See abgedichtet, damit dessen Wasserstand gleichbleibt und die Spiegelung der Brücke vollends zur Geltung kommt. Der Park wurde zudem fit für ein noch schöneres Besuchererlebnis gemacht: Es gibt einen größeren Besucherparkplatz mit Infopunkt sowie einen Mehrgenerationenspielplatz in der Nähe des Herrenhauses. Der Park ist täglich geöffnet und kostet keinen Eintritt.

Tipps & Infos

AKTIV: Wälder, Hügel, Seen, ursprüngliche und wunderschön angelegte Landschaften: Die Gegend rund um den Park bietet sich für herrliche Wanderungen an. Mehrere Wege führen durch den Park oder zu nahen Ortschaften wie Weißwasser und Krauschwitz, auch Führungen sind möglich (www.muskauer-faltenbogen.de).

UNTERKUNFT: Wer die Idylle des Parks nicht verlassen möchte, muss es auch nicht: Im hübschen Kavalierhaus nahe dem Herrenhaus stehen zwei Ferienwohnungen zur Verfügung. Das Gebäude im Stil eines Schweizer Landhauses ist mit handgefertigten Wandmalereien verziert und frisch saniert (www.kromlau-online.de/tourist-information/fewo-im-kavalierhaus).

INFO: www.kromlau-online.de/der-park

Rund um die Brücke erstrecken sich die Parkanlagen mit u. a. einer Gruppe von Basaltsäulen.

Wahrzeichen der Stadt und älteste Brücke Deutschlands: die Steinerne Brücke in Regensburg

84 DIE STEINERNE BRÜCKE

Meisterhafter Bau in Regensburg

Sie ist unglaubliche 336 Meter lang, acht Meter breit und beinahe 900 Jahre alt: die Steinerne Brücke in Regensburg, eines der Wahrzeichen der Domstadt. Die älteste Brücke Deutschlands wurde im Jahr 1146 nach elf Jahren Bauzeit fertiggestellt.

Bei diesem Meisterwerk der mittelalterlichen Baukunst hatte laut einer beliebten Sage der Teufel seine Hand im Spiel. Der Baumeister der Brücke, heißt es, schloss mit dem Dombaumeister eine Wette darüber ab, welches Bauwerk wohl früher errichtet sein würde: die Brücke oder der heute so berühmte Dom. Es sah nicht gut aus für den Brückenbaumeister, denn der Dom schien schneller fertig zu werden. Also schloss er mit dem Teufel einen Pakt: Dieser solle ihm beim Bau helfen und würde dafür die ersten drei Seelen bekommen, die die Brücke überquerten. Die Brücke wurde nun zügig fertiggestellt, und der Teufel gierte seinem Lohn entgegen. Der Baumeister aber war listig: Er scheuchte ein Huhn, eine Henne und einen Hund über sein Bauwerk. Daraufhin wurde der Teufel so wütend, dass er versuchte, die Brücke kaputt zu schlagen – bis heute hat sie deshalb in ihrer Mitte einen Buckel.

Historisch gesehen stand die Brücke schon längst, als mit dem Bau des Doms 1275 begonnen wurde. Sie war jahrelang von überragender Bedeutung als die einzige Brücke über die Donau zwischen Wien und Ulm.

TIPPS & INFOS

AUSSICHT: Die Brücke wurde früher von drei Türmen überwacht. Heute steht nur noch der Brückturm, von dem man einen tollen Panoramablick über die UNESCO-Welterbestadt hat; zudem lockt ein Museum (www.regensburg.de/kultur/museen).

UNTERKUNFT: Wer nach Regensburg reist, sollte hier auch angemessen nächtigen. Historisch, stilvoll und gleichzeitig modern geht das in einem der drei Hotels Orphée, z. B. im schönen Stadtteil Stadtamhof am Donau-Ufer (Andreasstr. 26; www.hotel-orphee.de).

INFO: www.tourismus.regensburg.de

Nur zu Fuß erreichbar: der stille, sagenhafte Rachelsee im Bayerischen Wald

85 DER RACHELSEE

Stilles Gewässer im Bayerischen Wald

Im Bayerischen Wald, nahe der tschechischen Grenze, liegt ein See, über den man sich – besonders gern an kühlen Herbstabenden – bis heute gruselige Geschichten erzählt. Der Rachelsee liegt auf über 1000 Metern Höhe und ist nur zu Fuß erreichbar. Als sogenannter Karsee wurde er von einem Gletscher ins Gebirge geformt und weist ein sehr klares Wasser auf. Er gilt als das stillste Gewässer im gesamten Bayerischen Wald. Verwunschene Seelen sollen hier ihre letzte Zuflucht gefunden haben, so erzählt man sich, die man auf keinen Fall stören darf: Wer das Wasser aufrührt, der wird der Sage nach vom See verschlungen.

Dieser sei außerdem die Heimat einer ganz besonderen Bewohnerin: der Rachelhexe. Sie soll der Geist einer alten Gräfin sein, die einst auf dem nahen Schloss Rammelsberg lebte. Als die unbarmherzige und gierige Frau starb, kehrte auf dem Schloss keine Ruhe mehr ein – der Geist der Gräfin wanderte umher und drangsalierte die Dienerschaft. Ein Geistlicher verbannte sie schließlich an den Rachelsee, weit genug vom Schloss entfernt. Hier soll sie bis heute auf die Erlösung ihrer gequälten Seele warten und schon oft gesehen worden sein. Außerdem höre man ihr Wehklagen in stürmischen Nächten und auch den Abdruck ihrer eisernen Schuhe im Boden rund um den See habe man des Öfteren gefunden.

TIPPS & INFOS

ANREISE: Den seit 1950 unter Naturschutz gestellten See erreicht man nur zu Fuß. Verschiedene Wanderwege führen ins Gebiet der 1453 m hohen Rachel; schön ist die Wanderung von St. Oswald-Riedlhütte auf dem Wanderweg Pilz (www.bayerischer-wald.de/Urlaubsthemen/Wandern).

AUSSICHT: Spektakulär sind die Ausblicke über den Nationalpark vom bis zu 25 m hohen und barrierefrei gestalteten Baumwipfelpfad Bayerischer Wald in Neuschönau (www.baumwipfelpfade.de/bayerischer-wald).

INFO: www.bayerischer-wald.de

Intensiv blau leuchtet das Wasser des Blautopfs, auf dessen Grund die Schöne Lau leben soll.

86 DER BLAUTOPF

Mystische Quelle bei Blaubeuren

In der Schwäbischen Alb, in der Nähe von Ulm, gibt es ein kleines Naturphänomen zu entdecken: den sogenannten Blautopf von Blaubeuren. Die 12 000-Einwohner-Stadt liegt malerisch in einem Tal, umgeben von bewaldeten Hängen. Groß ist die Quelle des Flusses Blau nicht: 40 Quadratmeter misst sie im Durchmesser, gut 19 Meter ist sie tief, und ihr Wasserstand schwankt. Und doch ist der Blautopf ein spektakuläres Ausflugsziel, denn sein Wasser leuchtet in allen Blauschattierungen, von Aquamarin bis Nachtblau.

Um diese Quelle ranken sich viele Sagen und Legenden. So dachten die Menschen früher, dass der Blautopf unendlich tief sei und er deshalb eine so besondere Farbe habe, weil täglich Tinte hineingeschüttet würde. Immer wieder soll eine Nixe verhindert haben, die wahre Tiefe der Quelle herauszufinden. Auch soll die Schöne Lau, Tochter einer menschlichen Frau und eines Wassermanns, hierher verbannt worden sein. Aufgeschrieben wurde diese Mär vom Lyriker Eduard Mörike.

Die einzigartige Färbung des Blautopfs kann man heute leicht erklären: Sein Wasser kommt als Regen auf die Erde und nimmt bei seinem Weg durch den kalkhaltigen Boden viele Partikel in sich auf. Bei Blaubeuren drängt das Wasser wieder zurück an die Erdoberfläche, angereichert mit winzig kleinen Kalkpartikeln. An diesen Teilchen streut sich das Licht einer bestimmten Wellenlänge stark – und so scheint das Wasser intensiv blau zu leuchten.

TIPPS & INFOS

SEHENSWERT: Vom schönen Kloster Blaubeuren hat man einen direkten Blick auf den Blautopf. In dem herrschaftlichen Gebäudeensemble aus dem Jahr 1085 spürt man heute noch die Atmosphäre des ehemaligen Benediktinerordens. Besonders interessant sind die historischen Führungen und Spaziergänge durch den Kräutergarten (www.seminar-blaubeuren.de/index.php/kloster).

EINKEHR: Leckeren Kuchen, regionale Spezialitäten und fair gehandelten Kaffee im wunderschönen Ambiente gibt es im Café Badhaus in der Altstadt (Kirchplatz 5; www.badhaus-cafe.de).

INFO: www.blautopf.de

Die rauschenden Wasser der Triberger Fälle entstammen den Tränen einer versteinerten Gräfin.

87 TRIBERGER WASSERFÄLLE

Ein berauschendes Naturschauspiel

Wunderschön sind sie, die Triberger Wasserfälle im Schwarzwald. Das Wasser der Gutach stürzt hier über 160 Meter hinab und bildet einen der höchsten Fälle Deutschlands. Über mehrere Stufen hat sich der Fluss ins Gestein gegraben – mal formt der Wasserfall eine lange Bahn, mal fasert er in einen breiten Vorhang aus sprudelndem Wasser aus. Schon Berühmtheiten wie Ernest Hemingway, Otto von Bismarck und Kaiser Wilhelm I. ließen sich von diesem Naturschauspiel beeindrucken.

Der Sage nach soll eine grausame Gräfin für ihre Entstehung verantwortlich gewesen sein. Weil sie so schön war, hatte sie viele Verehrer, die sie zu einer verheerenden Mutprobe schickte. Sie sollten von ihrem Schloss aus auf einen weit entfernt liegenden Felsen springen. Das gelang keinem von ihnen und sie starben alle. Die Mutter eines Jünglings verfluchte daraufhin die Gräfin: Sie solle zu Stein verwandelt werden und bis in alle Ewigkeit Tränen ob ihrer bösen Taten vergießen.

Die Wasserfälle sind besonders zur Zeit der Schneeschmelze, nach starken Regenfällen oder im Winter sehenswert, wenn Teile der Gutach überfroren sind. Stege über den Fluss sowie eine Plattform ermöglichen es den Besuchern, direkt an den Kaskaden zu stehen und die Gischt des Wassers auf der Haut zu spüren, was als heilsam bei Atemwegserkrankungen gilt. Die Wasserfälle sind nach Einbruch der Dunkelheit bis etwa 22 Uhr beleuchtet.

TIPPS & INFOS

ANREISE: Der Haupteingang an der Hauptstr. 85 liegt von Triberg knapp 500 m entfernt. Parkplätze gibt es in der Stadtmitte, am Bergsee, am Scheffelplatz oder an der Adelheid. Von den fünf Eingängen ist der an der Asklepios-Klinik in der Ludwigstr. 1 barrierefrei.

AKTIV: Drei Routen führen rund um die Wasserfälle: der Natur-, der Kultur- und der Kaskadenweg. Eine Übersichtskarte gibt es unter www.triberg.de/de/tourismus-freizeit.

INFO: www.hochschwarzwald.de/erleben/ausflugsziele

Von Göttern und Ungeheuern erzählt man sich am außergewöhnlich schönen Schrecksee in den Allgäuer Alpen.

Wird das Wasser des Sylvensteinspeichers abgelassen, sieht man die Ruinen des alten Dorfes Fall auf seinem Grund.

88 DER SCHRECKSEE

Von Göttern und Ungeheuern

Auf 1800 Metern Höhe liegt ein Gewässer, das seinesgleichen sucht: Der Schrecksee in Bad Hindelang gilt als einer der schönsten Bergseen Bayerns. Mit seinen zehn Hektar Fläche ist der See direkt an der Grenze zu Österreich zwar klein, doch seine Lage hoch in den Allgäuer Alpen, versteckt in einem Talkessel, macht ihn zu etwas Besonderem.

Mitten in seiner Wasserfläche liegt eine kleine Insel, die ihm eine mystische Aura verleiht und gut zu den Geschichten passt, die man sich über den See erzählt. Vor Tausenden von Jahren sollen sich germanische Götter in diesem Gebiet versammelt haben, und Göttervater Odin ließ dabei an einem See nahe des Gipfels Kugelhorn seinen Hengst zurück. Da der Schrecksee der größte See in der Umgebung ist, geschah dies wohl an seinen Ufern. Manchmal, so erzählt man sich, komme Odin zurück und halte in den Bergen eine Jagd ab, deren Lärm durch die Täler donnert.

Zudem soll ein Ungeheuer im Schrecksee leben. Als einst ein Mann dessen Tiefe ausloten wollte, schoss dieses aus dem Wasser empor und rief: »Ergründ'st du mich, so fress ich dich!« Damit erklärte man vielleicht, dass die Tiefe des Sees lange Zeit unbekannt war. Inzwischen weiß man: 28 Meter sind es an der tiefsten Stelle. Zelten ist am Schrecksee übrigens verboten, denn er liegt in einem Naturschutzgebiet.

TIPPS & INFOS

ANREISE: Abenteuerlich ist der Aufstieg zum Schrecksee, der im Dorf Hinterstein beginnt und gut ausgeschildert ist. Man überwindet dabei ca. 1000 Hm, der Hinweg dauert gut 3 Std. – eine gute Kondition sollte man also mitbringen (www.badhindelang.de/wanderurlaub).

EINKEHR: Hinterstein ist ein idyllisches 500-Einwohner-Dorf in den Allgäuer Alpen. Malerisch nächtigt man z. B. in den Ferienwohnungen von Haus Eckwiesen mit schönem Garten und Fernblick (Brecheweg 10; www.haus-eckwiesen.de).

INFO: www.badhindelang.de

»EINEN KIRCHTURM MITTEN IN EINEM STAUSEE GIBT ES IM RESCHENSEE IN SÜDTIROL. DIESER VERWEIST AUF DEN ALTEN EHEMALIGEN ORT GRAUN.«

89 FALL IN LENGGRIES

Das versunkene Dorf im See

Wie ein blaues Band schlängelt sich der Sylvensteinspeichersee über rund sieben Kilometer durch die Region Isarwinkel im Landkreis Bad Tölz-Wolfratshausen. Der Stausee speichert eine Wassermenge von über 120 Millionen Kubikmetern, dient der Energiegewinnung und bewahrt das Isartal vor Hochwasser. Abgesehen von der rund 200 Meter langen Staumauer wirkt der See komplett natürlich. Nach einem nahen Felsrücken benannt, ist er heute ein beliebtes Bade-, Sport- und Ausflugsgebiet.

Besonders lauschig liegt das Örtchen Fall direkt an seinem Südufer. Lange gibt es dieses Häuserensemble von Fall aber noch nicht, denn die alte Ortschaft liegt versunken am Grund des Sees. Im Jahr 1954 begannen die Bauarbeiten für den notwendig gewordenen Stausee und das kleine Örtchen Fall mit seinen Holzhäusern, Kapelle und Gasthaus war im wahrsten Sinne des Wortes dem Untergang geweiht. Als das Tal 1959 geflutet wurde, siedelte man die Bewohner zwangsweise ins rund 100 Meter höher gelegene Neu-Fall um.

Wenn es lange Zeit nicht geregnet hat und der Wasserspiegel des Stausees sinkt, werden die Grundmauern des ursprünglichen Dorfs sichtbar. Man erzählt sich, dass man manchmal sogar die alte Turmspitze der Kapelle sehen kann – was allerdings ein Mythos ist, denn das kleine Gebäude wurde damals abgerissen.

TIPPS & INFOS

AKTIV: In den Sylvensteinsee fließt an seinem östlichen Ende die Walchen, die im Walchental durch eine kleine, sehenswerte Klamm rauscht. Trittsichere Naturfreunde können an der naturbelassenen Klamm entlangwandern, einen offiziellen Wanderweg gibt es jedoch nicht.

EINKEHR: Fall war früher sehr beliebt bei Jägern. Rechnung trägt dem das Hotel Jäger von Fall, das mit 70 Zimmern, einem Biergarten, mehreren Restaurants und einem grandiosen Ausblick über den See glänzt (Ludwig-Ganghofer-Str. 8; www.jaeger-von-fall.de).

INFO: www.lenggries.de/sommer/das-versunkene-dorf-fall

Bei Berg steht ein Gedenkkreuz für Ludwig II. im Starnberger See.

90 DER STARNBERGER SEE

Tod eines Märchenkönigs

Was geschah am 13. Juni 1886? Bis heute gibt es zahlreiche Gerüchte über diesen Tag vor über 130 Jahren, als der bayerische Märchenkönig Ludwig II. im Würmsee (heute Starnberger See) starb. Ertrank er? Oder wurde er ermordet?
Ludwig II. liebte den Bau prächtiger Schlösser wie Neuschwanstein und Herrenchiemsee und strapazierte mit horrenden Ausgaben die Staatskasse. Die Verschuldung des Freistaats war auf mehrere Millionen Reichsmark angewachsen. Der König musste weg, so forderte die Regierung. Also beauftragte Ministerpräsident von Lutz im Frühjahr 1886 Mediziner, ein Gutachten über dessen Geisteszustand zu erstellen. Mit dem Ergebnis, seine Majestät sei »seelengestört«. Das Gutachten entstand allerdings ohne eine Untersuchung Ludwigs II. oder eine Anhörung seines Leibarztes.
Über die wahren Hintergründe wird bis heute gestritten – entmündigt wurde der König am 9. Juni. Einen Tag vor seinem Tod kehrte Ludwig von Neuschwanstein an den Starnberger See zurück. Der König sowie der Arzt Bernhard von Gudden spazierten am Abend des 13. Juni ohne Begleitung am See entlang. Als sie trotz starken Regens nicht zurückkamen, suchte man nach ihnen und entdeckte vom Ruderboot aus schließlich die Leichen Ludwigs II. und von Guddens im seichten Wasser.
Auf Ludwig II. folgte dessen Bruder Otto I., der wegen einer Geisteskrankheit regierungsunfähig war, sodass sein Onkel Luitpold die Staatsgeschäfte übernahm.

TIPPS & INFOS

SEHENSWERT: Der Leichnam des Märchenkönigs wurde bei Berg gefunden. Hier erinnern ein Gedenkkreuz und die im neuromantischen Stil erbaute Votivkapelle an ihn; alljährlich wird eine Messe in Gedenken an Ludwig II. abgehalten (www.starnbergersee.de/sehenswuerdigkeiten).
AKTIV: Der König-Ludwig-Weg verbindet auf 130 km die schönsten Sehenswürdigkeiten des Alpenvorlands. Er beginnt an der Votivkapelle in Berg. Die erste Etappe ist knapp 30 km lang und kann per Schiff über den Ammersee abgekürzt werden (www.starnbergersee.de/sehenswuerdigkeiten/koenig-ludwig-weg.html).
INFO: www.starnbergersee.de

Der bayerische Walchensee, malerisch auf 800 Metern Höhe gelegen, besticht durch seine türkisblaue Farbe.

91 DER WALCHENSEE

Türkisblauer See der Tugend

Er ist einer der schönsten in Bayern, der Walchensee, und mit über 16 Quadratkilometern Fläche einer der größten Alpenseen Deutschlands und mit maximal 190 Metern auch einer der tiefsten. Auf rund 800 Metern Höhe gelegen, genießt man von hier einen herrlichen Blick auf das Karwendelgebirge. Seine berühmte Türkisfärbung brachte ihm bereits den augenzwinkernden Beinamen »bayerische Karibik« ein.

Gemütlich liegen die Orte Walchensee, Einsiedl, Urfeld und Zwergern an seinem Ufer. Nicht ohne Grund ist der See seit Beginn des 20. Jahrhunderts beliebt bei Aktivurlaubern, die die ruhige Atmosphäre wertschätzen. Ob beim Angeln, Stand-Up-Paddeln oder Schwimmen an den zahlreichen natürlichen Badestellen, beim Wandern oder Bootfahren: Hier kommt keine Langeweile auf. Schon Johann Wolfgang von Goethe machte auf seinen berühmten Italienreisen hier stets Rast.

Einer Sage nach lebt am Grund des Sees ein riesiger Wels, der beinahe so groß ist wie das Gewässer selbst. Der Erzählung nach hält er seinen Schwanz in seinem breiten Maul. Sollten sich die Menschen rund um den See tugendlos verhalten, lasse er seinen Schwanz jedoch los und zertrümmere mit ihm den Kesselberg, die Passhöhe zwischen Walchen- und Kochelsee. Dadurch würde das komplette Umland bis nach München überflutet. Angeblich warfen Kurfürsten bei ihrem Amtsantritt immer einen goldenen Ring in den See, um den Wels zu besänftigen.

TIPPS & INFOS

AUSSICHT: Grandioser Panoramablick gefällig? Dann ist der über 1700 m hohe Herzogstand, der Lieblingsberg König Ludwigs II. und vieler Münchner, genau das Richtige. Von Walchensee führt eine Seilbahn bis fast auf den Gipfel, den man nach einem kurzen Fußweg erreicht (Am Tanneneck 6; www.herzogstandbahn.de).

EINKEHR: Eine bessere Aussicht beim Mittagessen gibt es fast nicht: Das Berggasthaus Herzogstand bietet mit seiner großen Außenterrasse einen atemberaubenden Blick auf Kochel- und Walchensee, das Alpenvorland und das Karwendelgebirge (www.berggasthaus-herzogstand.de).

INFO: www.zwei-seen-land.de/walchensee

DIE DEUTSCHE MÄRCHENSTRASSE

Hase und Igel, Rotkäppchen und Lausbuben

Max und Moritz, der Lügenbaron von Münchhausen, der Froschkönig und die Bremer Stadtmusikanten: Deutschland ist weltweit bekannt für seine Märchen und Mythen. Doch wo haben sie stattgefunden – und kann man diese Orte tatsächlich besuchen?

Ja, kann man, die Deutsche Märchenstraße macht es möglich. Auf 600 Kilometern führt sie vom hessischen Hanau, der Geburtsstadt der Gebrüder Grimm, bis nach Buxtehude bei Hamburg. Sie durchquert dabei als eine der ältesten Ferienstraßen Deutschlands Hessen, Thüringen, Nordrhein-Westfalen, Niedersachsen und Bremen.

Wandeln auf den Pfaden der Gebrüder Grimm

Dabei verbindet sie nicht nur Orte aus Grimms Märchen miteinander. Die Deutsche Märchenstraße führt tief ins Reich der Mythen und Legenden, durch rund 60 sagenhafte Orte und Regionen, traumhafte Städtchen, idyllische Landschaften, vorbei an Schlössern und Burgen. Die Route ist so unterhaltsam und abwechslungsreich gestaltet, dass sie der ganzen Familie Spaß macht.

In Hanau sowie im nahen Steinau mit seiner hübschen Altstadt werden Themenführungen zu Deutschlands bekanntesten Märchensammlern angeboten. Im malerischen Alsfeld mit seinen über 400 Fachwerkhäusern aus über sieben Jahrhunderten wird vor allem dem Märchen vom Rotkäppchen auf den Grund gegangen. Ein Muss für jeden Märchenfan ist der Besuch im Alsfelder Märchenhaus.

Immer der Weser entlang

Lohnenswerte Zwischenstopps sind die Universitätsstädte Marburg, Kassel und Göttingen mit ihrem mittelalterlichen, aber auch quirligen Ambiente. In Marburg, dem Studienort der Gebrüder Grimm, führt der abwechslungsreiche »Grimm-Dich-Pfad« durch die Stadt und erinnert an die beliebtesten Erzählungen der Brüder. Kassel lockt unter anderem mit dem ausgezeichneten interaktiven Ausstellungshaus »Grimmwelt«. In Göttingen, wo Jacob und Wilhelm Grimm lange Zeit lehrten, werden Märchen einmal im Jahr bei den Figurentheatertagen für Jung und Alt inszeniert.

Auf niedersächsischem Boden folgt die Deutsche Märchenstraße einem guten Stück weit der Weser. Ihren Ursprungsort erlebt man in Hannoversch Münden, wo sie aus dem Zusammentreffen von Fulda und Werra entsteht. In der schönen Fachwerkstadt kann man auf den Spuren des Doktors Eisenbart wandeln, der Wanderarzt, der durch die Lande zog und mithilfe von Theater Menschen auch von weither anlockte. Kostümierte Stadtführungen zeigen sein Wirken und sein Leben.

Wo Max und Moritz Streiche spielten

An die vielen Streiche von Max und Moritz erinnert man sich besonders lebendig in der Wilhelm-Busch-Mühle in Ebergötzen nördlich von Göttingen, in der ein Mühlenmuseum zum Lernen und Anfassen entstanden ist. Das Städtchen lockt außerdem mit Rad- und Wanderrouten, dem Seeburger See inklusive Campingplatz und dem Europäischen Brotmuseum.

Auch an den Geburtsort des großen Karikaturisten und »Max und Moritz«-Erfinders Wilhelm Busch führt die Deutsche Märchenstraße, nämlich ins beschauliche Dorf Wiedensahl in der Nähe von Hannover. In Buschs Geburtshaus sowie im alten Pfarrhaus sind moderne Museen über den Comic-Pionier entstanden. Das Wilhelm-Busch-Museum wiederum, das Deutsche Museum für Karikatur und Zeichenkunst, befindet sich in Hannover.

Ihren Abschluss findet die Ferienstraße in Buxtehude in der Urlaubsregion Altes Land. Hier liefen laut dem berühmten Grimmschen Märchen Hase und Igel um die Wette, wobei der langsame Igel den flinken Hasen immer wieder austrickst. In der schönen Altstadt erinnern viele Orte an diese Geschichte, alle zwei Jahre ist ihr sogar ein eigenes Festival gewidmet.

Alle Informationen über die Deutsche Märchenstraße wie Routen, Unterkünfte, Wohnmobilstellplätze und Sehenswürdigkeiten gibt es unter: www.deutsche-maerchenstrasse.com.

Im malerischen Alsfeld folgt man Rotkäppchens Spuren.

Für die Gebrüder Grimm wurde in Hanau eine Statue errichtet.

In Hannoversch Münden lebte einst Doktor Eisenbart.

Die Burgruine Drachenfels erscheint märchenhaft im Nebel.

SAGENHAFTER BERG

Hier hausen Geister, Riesen und Hexen

Über uns, in Hunderten oder gar Tausend Metern Höhe, gehen merkwürdige Dinge vor sich: Frauen reiten auf Besen, Geister heulen, Ungeheuer verbreiten Angst und Schrecken. Bergketten und Hügelkuppen üben ihre ganz eigene Anziehungskraft auf uns aus, denn wir können nie wissen, was sich in der Höhe so alles verbirgt.

Vom flachen Land bis zu den Alpen: Deutschland glänzt mit einer großen landschaftlichen Vielfalt.

Das bis zu 530 Meter hohe Weserbergland in Niedersachsen, Hessen und Nordrhein-Westfalen bildet von der Küste aus gesehen die erste größere Erhebung. Der Höhepunkt der deutschen Bergwelt ist die Zugspitze mit ihrem 2962 Meter hohen Gipfel.

Gebirge haben Menschen schon immer fasziniert, aber auch das Fürchten gelehrt. Götter sorgen für Donner und Blitz, Geister spuken in den Höhen, und sogar der Teufel hinterlässt seine Spuren im Stein.

Gleichzeitig ist wohl nichts so bezaubernd wie der Blick von einem Gipfel aus über das umliegende Land. Nicht von ungefähr gibt es daher viele schöne Sagen über Deutschlands Bergwelt: Gütige Wesen wirken im Geheimen, kluge Frauen erdenken sich eine List und wer Glück hat, dem winken große Reichtümer.

DIE TOP 5 MYTHOS-SPOTS IN DEN BERGEN

Der Brocken, Sachsen-Anhalt – Ausblicke, alte Städte und Hexentanz (www.harzinfo.de).

Externsteine, Nordrhein-Westfalen – Ihre Rätsel sind noch ungelöst (www.externsteine-info.de).

Die Barbarine, Sachsen – Die versteinerte Jungfrau thront über der Sächsischen Schweiz (www.saechsische-schweiz.de/region/pfaffenstein.html).

Burg Eltz, Rheinland-Pfalz – Überwältigende Anlage und Heimat einer mutigen Kämpferin (www.burg-eltz.de).

Der Watzmann, Bayern – Der König der Berge ist so grausam wie schön (www.berchtesgaden.de/berge-gipfel/watzmann).

Auf dem Harzer Hexenstieg, einem Fernwanderweg, kann man quer durch das Mittelgebirge wandern.

92 DER HARZ

Wo nachts die Hexen tanzen

Merkwürdige Dinge geschehen jedes Jahr am 30. April, der Walpurgisnacht: Frauen versammeln sich auf dem höchsten Punkt Norddeutschlands, sie sagen Sprüche auf, sie tanzen, sie zaubern, sie fliegen sogar. Bis heute fasziniert die Sage der Brockenhexen, die sich in der Nacht auf den 1. Mai auf dem Brocken versammeln und geheimnisvolle Rituale vollführen.

Die Sage soll ihren Ursprung im Slawischen haben, doch als Volksglaube mit moderner Färbung hat sie bis in unsere Zeit überdauert. Am 1. Mai wurde bis zum Mittelalter der Namenstag der heiliggesprochenen Äbtissin Walburga begangen, weshalb die Nacht zuvor bis heute Walpurgisnacht heißt. Ein Tanz ums Feuer diente als nächtlicher Start der Feierlichkeiten. Heute kennt man die Nacht als »Tanz in den Mai«, der in den arbeitsfreien 1. Mai übergeht.

Der Harz ist das höchste Gebirge im Norden Deutschlands mit dem über 1140 Meter hohen Brocken. Die Erzählung von Hexen, die nachts auf den Gipfel fliegen, stammt aus der Zeit der Christianisierung, in der viele Menschen trotz des christlichen Glaubens heidnischen Festen und Ritualen nachgingen. Da dies unter Strafe stand und streng kontrolliert wurde, mussten sich Menschen an Festtagen an entlegene Orte zurückziehen. Königstreue verbreiteten die Erzählung von Hexen, die sich nachts auf dem Brocken herumtrieben, einen Pakt mit dem Teufel eingingen und umherflogen.

Der Brocken ist auch als Blocksberg bekannt. Andere Bergzüge im mittel- und osteuropäischen Raum tragen diesen Namen ebenfalls und stehen in Verbindung mit Hexensagen. »Block« oder »Klotz« ist eine alte Bezeichnung für hexerisches Treiben. Im Harz gibt es zahlreiche Orte, die Verweise auf Teufel oder Hexen im Namen tragen. Der Hexentanzplatz bei Thale ist ein Bergplateau mit spektakulärem Ausblick über das Bodetal. Auf dem Brocken gibt es die Felsformationen Teufelskanzel und Hexenaltar, die wahrscheinlich von Wanderführern im 18. Jahrhundert so benannt wurden, um der Sage der Hexentreffen konkrete Orte hinzuzufügen.

Diese Brockenhexe steht auf dem Hexentanzplatz.

»ERST GOETHES ›FAUST‹ MACHTE DIE SAGE DER HEXENTREFFEN AUF DEM BLOCKSBERG RICHTIG POPULÄR.«

TIPPS & INFOS

SEHENSWERT: Der Harz lockt auf seinen über 2000 Quadratkilometern mit vielen Sehenswürdigkeiten und UNESCO-Welterbestätten. Wunderschön sind zum Beispiel die Fachwerkstädte Quedlinburg und Goslar, deren Innenstädte immer wieder als Filmkulissen dienen (www.harzinfo.de/erlebnisse/sehenswuerdigkeiten/unesco-welterbe-im-harz).

AKTIV: Noch nicht genug von mystischen Orten? Umso besser: Der Fernwanderweg Harzer Hexenstieg führt quer durch das Mittelgebirge und verbindet die schönsten Orte des Nationalparks Harz miteinander. Der 150 km lange Weg kann in einzelnen Etappen gewandert werden (www.harzinfo.de/erlebnisse/wandern/harzer-hexen-stieg).

INFO: www.harzinfo.de

88 Meter hoch ist das Kaiser-Wilhelm-Denkmal direkt an der Porta, das wahrhaft royale Aussichten bietet.

93 PORTA WESTFALICA

Wo Gott den Blitz einschlagen ließ

Wie ein natürliches Tor trennt sie das Weser- von dem Wiehengebirge und gibt von Niedersachsen aus den Blick frei in Richtung Nordrhein-Westfalen: Mit der Porta Westfalica bei Minden hat die Weser einen weitläufigen Durchbruch in einer Bergkette geschaffen.

Mit einer göttlichen Erzählung erklärten sich die Menschen früher, wie es zu dieser »Pforte« mitten im Gebirge kam. Die Anwohner der Weser, erzählten sie, waren stolz und weigerten sich, in die Dienste des Teufels zu treten. Also quälte der Beelzebub sie. Er baute einen großen Damm, sodass die Weser auf der einen Seite versiegte, zur anderen Seite jedoch immer höher stieg.

Die verängstigten Menschen flüchteten auf die höchsten Punkte der Bergketten, doch das Wasser stieg weiter. Dennoch weigerten sie sich, dem Teufel den Treueschwur zu leisten. Sie wandten sich hilfesuchend an Gott. Da kam plötzlich ein Sturm auf, ein Blitz schlug ins Gebirge ein und sprengte die Steine auseinander. Das Weserwasser ergoss sich rauschend ins Tal – und die Porta Westfalica war entstanden.

Der Name, der auf Latein »Westfälische Pforte« bedeutet, stammt aus dem 18. Jahrhundert, als Latein und Französisch beim Adel in Mode waren und man eine Bezeichnung für den Weserdurchbruch suchte. Seit 1973 trägt auch die Stadt direkt an der Porta diesen Namen.

TIPPS & INFOS

AUSSICHT: Kaiserliche Aussichten nach Ostwestfalen und Niedersachsen bietet das Kaiser-Wilhelm-Denkmal direkt an der Porta. Mit 88 Metern Höhe ist es das zweithöchste Denkmal Deutschlands. Spannend ist auch das interaktive Besucherzentrum unterhalb der neu gestalteten Ringterrasse (www.kaiser-wilhelm-denkmal.lwl.org/de).

WELLNESS: Rund 10 km von Porta Westfalica entfernt, im Kurort Bad Oeynhausen, liegt die einladende Bali-Therme in der Morsbachallee 5. Hier gibt es ein breit gefächertes Wellness-Angebot, eine große Saunalandschaft, Innen- und Außenbecken und schöne Ruhebereiche (www.balitherme.de).

INFO: www.westliches-weserbergland.de

In Hessisch Oldendorf (hier das Stift Fischbek) lebte der Sage nach einst ein allzu gieriger Kaufmann.

94 HESSISCH OLDENDORF

Wo ein untoter Kaufmann wandelt

Die 18 000-Einwohner-Stadt Hessisch Oldendorf liegt im Landkreis Hameln-Pyrmont direkt an der Weser. Hier, erzählt eine Sage, lebte im 17. Jahrhundert ein Mann namens Cord Baxmann. Er war ein unfreundlicher Kaufmann und Wirt, der knauserig war und ein großes Vermögen anhäufte. So konnte er sich eines der größten Bürgerhäuser des Ortes leisten. Baxmann arbeitete noch bis kurz vor seinem Tod und starb erst im ungewöhnlich hohen Alter von 91 Jahren.

Nach seiner Beerdigung geschahen seltsame Dinge: Menschen berichteten, dass sie Baxmann lebendig in seinem Haus gesehen hätten. Also richtete man eine zweite Beerdigung aus – doch Baxmann erhob sich wieder aus seinem Grab und verließ zusammen mit den schockierten Trauergästen die Kapelle. Herbeigerufene Mönche sahen, dass Baxmann keine Ruhe in seinem Grab finden konnte, weil er so viele Menschen zu Lebzeiten betrogen hatte.

Also verbannten sie seinen Geist in den Süntel an die Quelle des Blutbachs. Er sollte die Quelle mit einem Sieb leer schöpfen, um für seine Sünden zu büßen. In einem strengen Winter, als das Wasser gefror, gelang ihm dies. Also wurde er wieder verbannt, damit sich die Stadtbewohner nicht vor ihm fürchten mussten. Diesmal bekam er einen Fingerhut, um die Quelle zu leeren. Bis heute ist er nicht in die Stadt zurückgekehrt.

TIPPS & INFOS

AKTIV: Hessisch Oldendorf ist beliebt wegen seiner Lage an der Weser, den vielen Höhenzügen und der Nähe zu Hameln. Der Weserradweg sowie zahlreiche andere Radrouten führen hier vorbei. Bei Großenwieden kann man die Weser per Fähre überqueren (www.weserradweg-info.de).

SEHENSWERT: Die Schillat-Höhle in der Riesenbergstraße 2a im Ortsteil Langenfeld ist eine sehenswerte 180 m lange Tropfsteinhöhle. Mit 3D-Shows, Besucherzentrum und Biergarten ist sie ein Erlebnis für die ganze Familie (www.schillathoehle.de).

INFO: www.weserbergland-tourismus.de/de

Vom einsam gelegenen Bieley-Felsen bietet sich ein schöner Blick auf den Perlenbach.

95 BIELEY-FELSEN

Natürliche Magie im Hohen Venn

Wie ein erstarrtes Fabelwesen ragt der Fels Bieley über dem Perlenbachtal auf. Der Felsvorsprung hat eine markante Form und eine malerische Lage, die Wanderern einen fantastischen Rundumblick über das Tal bietet. Riesen sollen einst die Landschaft geformt, Zwerge hier gewohnt und Hexen gezaubert haben. Angesichts der magischen Atmosphäre vor Ort ist das nicht schwer zu glauben.

Knapp hinter der belgischen Grenze auf der Hochfläche Hohes Venn gelegen, ist der Bieley-Felsen nicht gerade einfach zu finden. Das Gelände gehört außerdem in großen Teilen dem belgischen Militär. Unbedingt sollten Wanderer daher die Warnschilder beachten: Bei Schießübungen mit scharfer Munition darf die Gegend nicht betreten werden! Ruhig ist es meist am Wochenende. Wer hier unterwegs ist, sollte die Natur so wenig wie möglich stören: Große Teile des Hohen Venn mit seinen Mooren und Birkenwäldern sind Naturschutzgebiet.

Die Wanderung hierher lohnt sich: Für Fotografen, Naturfreunde und Liebhaber absoluter Ruhe ist dies der perfekte Ort. Kein Haus, kein Strommast und keine Straße stören die Idylle. Vom Felsen auf 560 Metern Höhe blickt man hinunter auf den Perlenbach, der sich, umgeben von dichten Wäldern, durchs Tal schlängelt. Besonders schön ist dieses Fleckchen Erde im April, wenn Millionen wilder Narzissen blühen und die Wiesen in ein gelbes Meer verwandeln.

TIPPS & INFOS

ANREISE: Durch seine Lage mitten im Naturschutzgebiet muss man zum Bieley-Felsen wandern. Es gibt mehrere Wanderwege verschiedener Länge ins Perlenbachtal; vom Parkplatz »Reichensteiner Brücke« sind es zum Beispiel rund 7 km, von Leykaul aus gibt es einen Rundweg über 16 km, einen ausgeschilderten Parkplatz gibt es in Höfen (weitere Infos unter www.butgenbach.info/wandern/besondere-wanderungen/zum-bieley-felsen-616-km).

EINKEHR: In Monschau-Höfen kann man hervorragend im »Alten Eifelhaus« (Hauptstraße 96) speisen, einer Gaststätte aus dem Jahr 1650 mit Restaurant, Café und Backstube (www.altes-eifelhaus.de).

INFO: www.eifel.info/natur/narzissenbluete-eifel

Bezaubernde Morgenstimmung an der Wasserkuppe, dem höchsten Berg der Rhön

96 DIE RHÖN

Sagenhafte Landschaft

Sie ist eines der schönsten Wandergebiete mitten in Deutschland: die Rhön, die sich die Bundesländer Hessen, Thüringen und Bayern miteinander teilen. Das Mittelgebirge ist bekannt für seine Weitläufigkeit, seine fantastischen Aussichtspunkte und seine reiche Pflanzenwelt und scheint vielerorts von einer besonderen Aura umgeben zu sein: Vor allem bei Sonnenauf- und Sonnenuntergängen bieten sich hier tolle Panoramablicke, man findet bizarr anmutende Felsformationen oder Überreste jahrhundertealter Burgen. Zahlreiche lokale Sagen und Erzählungen gibt es aus der Rhön, die man auf speziellen Wanderungen erleben kann, die lokale Vereine zusammengestellt haben.

Nördlich von Poppenhausen liegt der 835 Meter hohe Berg Milseburg. Seinen Namen verdankt die Erhöhung dem Riesen Mils, der hier oben in einer großen Burg gelebt haben soll. Als die ersten Christen in die Rhön kamen, soll er deren Wirken verhindert haben. Doch die gläubigen Menschen waren in der Überzahl: Geschlagen legte sich der Riese nieder und starb. Der Teufel, der dem Riesen ein langes Leben versprochen hatte, baute dem Riesen ein großes Grab – die heutige Milseburg.

Von der Stoffelskuppe auf der thüringischen Seite der Rhön heißt es wiederum, dass die Felsen Reste eines verzauberten Schlosses seien. Hier wohnt noch heute die »Kuppenfrau«, die sich ab und zu den Menschen zeigen und wohlgesonnenen Wanderern freundlich zuwinken soll.

TIPPS & INFOS

AUSSICHT: Die beste Aussicht der Rhön hat man ohne Frage von der Wasserkuppe aus, mit 950 m der höchste Berg des Mittelgebirges sowie die höchste Erhebung Hessens. Man kann hier die Aussicht genießen, aber auch Segelfliegen, Gleitschirmflüge und Ballonfahrten sind möglich (www.poppenhausen-wasserkuppe.de).

AKTIV: Egal ob im Sommer oder im Winter: Wer in der Rhön unterwegs ist, liebt die Bewegung. Spaß für die ganze Familie bietet die Ski- und Rodelarena auf der Wasserkuppe inklusive Kletterwald, kleinen Fahrgeschäften und Einkehrmöglichkeiten (www.sommerrodelbahnen-wasserkuppe.de).

INFO: www.wasserkuppe.net

Einzigartig: das Kreuzrelief aus dem 12. Jahrhundert

97 DIE EXTERNSTEINE

Eine Kultstätte voller Rätsel

Markant ragen sie in den Himmel, die Externsteine im Teutoburger Wald nahe des Ortes Horn-Bad Meinberg. Die Felsformation ist eines der bekanntesten Naturdenkmäler Deutschlands. Sie beginnt mit wenigen kleinen Felsen im Waldgebiet und endet in 13 frei stehenden Sandstein-Säulen. Insgesamt hat die Formation eine Länge von mehreren Hundert Metern.

Bis heute geben die Externsteine Rätsel auf: Wofür wurden sie wirklich genutzt? Handelte es sich um eine germanische Kultstätte, eine Theorie, die sich seit dem 16. Jahrhundert großer Beliebtheit erfreut? Zumindest beweisen archäologische Funde, dass Menschen schon 10 000 v. Chr. hierher kamen. Die Felsengruppe diente ihnen immer wieder als Anlaufpunkt, zum Beispiel als Zuflucht bei der Jagd. Interessant ist, dass Grabungen erst wieder Funde aus dem Mittelalter hervorbrachten. Wie die Menschen die Externsteine in der Jungsteinzeit, Bronze- und Eisenzeit nutzten, bleibt unklar.

Umso mehr Gerüchte und Legenden gibt es über diesen magisch wirkenden Ort. So wurde hier das Versteck des Heiligen Grals vermutet, der Jesu Blut auffing. Die 13 einzeln stehenden Felsen wurden auch schon als die Zähne eines Riesen gedeutet. Oder war dies einst eine Kultstätte von Germanen und Römern, ein Ort heidnischer Rituale? Manche Esoteriker sind übrigens überzeugt davon, hier besonders gut Wahrsagungen durchführen zu können.

Rätsel geben vor allem die von Menschenhand geschaffenen Anlagen auf. Beeindruckend ist die in Stein gehauene Höhenkammer, in der die eine eine Sternwarte sehen und andere eine christliche Kapelle. Im unteren Teil der Felsengruppe wurden drei Grotten angelegt, die miteinander verbunden sind. In der Hauptgrotte könnte sich eine Kapelle befunden haben, zu sehen ist eine Weihinschrift aus dem Jahr 1115. Nahe dem malerischen Wiembecketeich liegt der sogenannte Grabfelsen, in dessen Nische der Umriss einer am Boden liegenden Person gehauen wurde. Weltweit einzigartig ist das große Kreuzrelief, das wohl aus dem 12. Jahrhundert stammt.

Der Begriff Externsteine ist aus dem Namen Eggernsteine abgeleitet, der »Fels der Elstern« bedeutet.

TIPPS & INFOS

ANREISE: Die Adresse lautet Externsteiner Str. 33, 32805 Horn-Bad Meinberg. Parken kostet 4 Euro (nur Barzahlung). Von der A2 die Abfahrt Bad Salzuflen / Ostwestfalen-Lippe nehmen, dann Richtung Lemgo–Detmold–Horn-Bad Meinberg. Die Externsteine sind nur bedingt barrierefrei, auf die Aussichtsplattform führt eine steile Treppe; Infozentrum und Gastronomie sind barrierefrei (www.externsteine-info.de).

AKTIV: Auch die Umgebung ist sehenswert. Die kostenlose Externsteine-App vermittelt man eine tolle Führung über die Naturerlebnispfade (www.externsteine-info.de/externsteine-erleben/erlebnispfad).

INFO: www.landesverband-lippe.de/angebote/externsteine

Beeindruckend:
Die gewaltigen Externsteine sind eines der bekanntesten Naturdenkmäler Deutschlands.

98 EISENACH

Wo eine Jungfer verflucht wurde

Natürlich ist es die berühmte Wartburg, wegen der jährlich Tausende Touristen in die 42 000-Einwohner-Stadt Eisenach strömen. Doch es gibt noch eine andere Burg, zumindest Überreste von ihr, die ebenfalls die Aufmerksamkeit von Sagen-Fans verdient: die Ruine der Burg von Eisenach.

Ihre Mauerreste liegen nur 500 Meter südlich der Wartburg mitten im Wald auf einer Anhöhe. Die Burg spielte im 13. Jahrhundert eine entscheidende Rolle, als der Machtkampf um die Stadt Eisenach brodelte und immer wieder gegen die Wartburg gestürmt wurde. Die Eisenacher Burg war als Bollwerk errichtet worden, das den Zugang für feindliche Truppen zur Wartburg sowie zur Stadt aus südlicher Richtung versperren sollte. Auch bei einer Belagerung der Wartburg im frühen 14. Jahrhundert war die Burg wichtig. Dennoch weiß man heute kaum etwas über ihr Aussehen.

Am Osthang der Ruine, über dem Tal Kälbergrund, liegt eine sagenumwobene Felsenhöhle. In Eisenach lebte einst eine schöne Jungfer, die so viele Gewänder besaß, dass sie es nie sonntags rechtzeitig in die Kirche schaffte: Sie konnte sich nicht entscheiden, welches sie tragen wollte. Eines Tages verlor ihre Mutter die Geduld mit dem selbstverliebten Mädchen und verfluchte es. Seitdem lebt es in der Höhle und zeigt sich den Menschen nur alle sieben Jahre. Die Höhle heißt bis heute »Verfluchtes Jungfernloch«.

Neben der Eisenacher Burg verteidigten wohl auch Drachen einst die Wartburg (links). In der Nähe der Wartburg (rechts) liegt versteckt im Wald die Ruine der Burg von Eisenach.

TIPPS & INFOS

ANREISE: Nur zu Fuß kommt man zum Jungfernloch. Die nächsten Parkplätze sind der Parkplatz Drachenschlucht oder der Wartburg-Parkplatz P3. Von hier aus führt eine Abzweigung des Lutherwegs hoch zur Wartburg und an der Eisenacher Burg sowie an schönen Aussichtspunkten vorbei (300 Hm). In der Nähe der Burgruine steht die Gedenksäule »Heerleins Grab«.

EINKEHR: Die Herberge »Sängerwiese«, Sängerwiese 1, ist die perfekte Unterkunft für Wanderer. Sie liegt mitten im Wald, hat gemütliche Apartments, einen Biergarten und ist ein guter Ausgangsort für viele Wanderungen (saengerwiese-eisenach.de).

INFO: www.eisenach.info/aktiv-und-sport/wandern

Unter der Hohenburg liegt die größte Buntsandsteinhöhle Europas.

99 DIE HOHENBURG

Über Homburg wandelt ein Geist

Die Burgruine Hohenburg, auch Höhenburg oder Festung Hohenburg genannt, liegt auf über 300 Metern über der saarländischen 42000-Einwohner-Stadt Homburg. Im 12. Jahrhundert war sie Festung der Grafen von Homburg. Am Fuße der Anhöhe, auf der sie thronte, entwickelte sich nach und nach eine lebendige Siedlung, die im 14. Jahrhundert die Stadtrechte verliehen bekam. Als das Geschlecht der Grafen von Homburg rund ein Jahrhundert später sein Ende fand, fielen Stadt und Burg an die Grafschaft Nassau-Saarbrücken, die die Burg zu einer Festung ausbauten.

Als Frankreich ab Mitte des 17. Jahrhunderts Anspruch auf vermeintlich französische Gebiete erhob, befahl »Sonnenkönig« Ludwig XIV., die Festung zu erweitern. Die Homburger Altstadt weist noch heute die Strukturen des damaligen Wandels auf. Ende des 17. Jahrhunderts wurde die Festung jedoch in mehreren Schritten abgetragen. Teilweise wurden die Steine für den Bau eines anderen Schlosses benutzt.

Heute ist die Ruine ein sehenswertes historisches Denkmal sowie ein grandioser Aussichtspunkt. Doch Besucher sollten sich in Acht nehmen, denn der Legende nach spukt es in diesen Ruinen. Hier soll einst eine Magd von einem Turmwächter in einen tiefen Brunnen gestoßen worden sein. Alle paar Jahre, in regelmäßigen Abständen, kehrt der Geist der Magd wieder und wandelt durch die Überreste der Burg, ihrer alten Heimat. Erst ab den 1980er-Jahren wurde die Ruine freigelegt und restauriert. Zu sehen sind die Überreste der Festungszeit.

TIPPS & INFOS

SEHENSWERT: Unter der Ruine, im Schlossberg, kann man ein einmaliges Naturschauspiel bewundern: die größte Buntsandsteinhöhle Europas. Sie besteht insgesamt aus 12 Stockwerken. Angeschlossen ist eine große Bunkeranlage, die ebenfalls im Rahmen der rund einstündigen Tour besichtigt wird (www.homburger-schlossberghoehlen.de).

UNTERKUNFT: Hotel und Spa zugleich: Im modernen Wellness-Hotel »Peters Jägersburg« mit Restaurant und Bar, Kleinottweilerstraße 112, kann man die Seele direkt am Ufer des Brückweihers baumeln lassen (www.peters-jaegersburg.de).

INFO: www.homburg.de

Die Lutherstube auf der Wartburg: Hier übersetzte der Reformer die Bibel ins Deutsche.

Um die Wartburg und ihren berühmten Gast Martin Luther ranken sich viele Erzählungen.

100 DIE WARTBURG

Wo Martin Luther den Teufel traf

Sie ist Zeugnis von über tausend Jahren deutscher Geschichte: die Wartburg hoch über Eisenach. Die UNESCO-Weltkulturerbestätte – der Sage nach 1067 gegründet – war Schauplatz zahlreicher bedeutender Ereignisse.

Sie war viele Jahre lang Heimat der später heiliggesprochenen Elisabeth von Thüringen und Ort der kulturellen Blüte, zahlreiche Dichtungen und Lieder entstanden hier. Diese kreative Energie gipfelte im 13. Jahrhundert angeblich im berühmten »Sängerkrieg«, einem Dichterwettstreit, der durch Richard Wagners Oper »Tannhäuser« Weltruhm erlangte.

Den meisten Menschen dürfte die Wartburg wohl in Verbindung mit dem Reformer Martin Luther bekannt sein. Im Jahr 1521 kam er unter dem Pseudonym Junker Jörg hierher, als er nach dem Reichstag zu Worms geächtet wurde. Er lebte in einem spartanischen Quartier über dem ersten Burghof. Innerhalb von nur elf Wochen übersetzte er das Neue Testament erstmals in deutsche Sprache, sodass nicht nur die Gelehrten und Adeligen es verstanden, sondern auch das normale Volk in der Heiligen Schrift lesen konnte.

Der Legende nach soll der Teufel Luther hier aufgesucht haben. Als Luther das Schaben und Kratzen des Bösen hörte, während er über seiner Arbeit saß, griff er zum Tintenfass und warf es in Richtung des Dämons: Nichts sollte ihn von der Übersetzung der Bibel abhalten. Angeblich soll der Tintenfleck an der Wand seiner Kammer noch lange zu sehen gewesen sein – doch Luther schwieg sich über die wahren Geschehnisse aus. Der Fleck wurde jahrzehntelang immer wieder nachgemalt. Vielleicht entstand diese Erzählung auch durch eine Aussage Luthers, wonach er »den Teufel mit der Tinte« vertreiben wollte, also durch seine Schriften. Von Kindesbeinen an fühlte sich Luther vom Teufel verfolgt. Eine ähnliche Legende gibt es über die Schreibstube Luthers in der Veste Coburg in Oberfranken.

Auch Johann Wolfgang von Goethe machte mehrmals Halt auf der Wartburg. Auf sein Anraten hin wurde hier eine bis heute bedeutende Kunstsammlung begründet, die Werke aus 800 Jahren umfasst.

»OBWOHL ES DEN BERÜHMTEN TINTENFLECK NICHT MEHR GIBT, BEHAUPTEN BESUCHER BIS HEUTE, IHN GESEHEN ZU HABEN.«

TIPPS & INFOS

SEHENSWERT: Die Wartburg verfügt über so viele Sehenswürdigkeiten, dass man für einen Besuch genügend Zeit einplanen sollte. Prunkvoll ist zum Beispiel der Festsaal im Palas, in dem immer wieder Konzerte stattfinden. Zudem gibt es zahlreiche Ausstellungen. Am besten eine Führung buchen (www.wartburg.de/de/besucherinfo).

EINKEHR: Nach so viel Geschichte tut eine Pause gut, am besten im urigen Ambiente der »Lutherstuben«, Katharinenstraße 13, mit thüringischen Spezialitäten und besonderen Event-Mahlzeiten (www.lutherstuben.de).

INFO: www.luther2017.de/martin-luther/geschichte-geschichten/der-wurf-mit-dem-tintenfass/index.html

Auf der märchenhaften Burg Eltz wandelt heute noch der Geist der schönen Agnes nachts umher.

101 BURG ELTZ

Heimat einer mutigen Kämpferin

Die prächtige Burg Eltz nahe des rheinland-pfälzischen Ortes Wierschem thront auf einem Felssporn im Eifelwald in einem Nebental der Mosel. Mit ihren Turmspitzen, Erkern, Gräben und Schlossmauern wirkt diese Höhenburg aus dem 12. Jahrhundert schon von Weitem wie einem Märchen entsprungen. Für viele ist die Burg, die niemals eingenommen wurde, das Ebenbild einer Ritterburg.

Einst lebte hier ein Graf mit seiner schönen Tochter, erzählt eine bekannte Sage. Agnes war schon im Kindesalter einem jungen Ritter aus der Familie von Braunsberg versprochen. Doch als beide älter wurden, stellte sich heraus, dass der Ritter hartherzig und grob war, die Tochter jedoch sanft und gutmütig. Auf der Hochzeit verweigerte Agnes dem grausamen Mann einen Kuss. Der Ritter wurde zornig, die Eltzer wehrten sich, und nur durch das Eingreifen von Agnes konnte ein Blutvergießen verhindert werden.

Eines Nachts drang der zurückgewiesene Ritter mit einer großen Gefolgschaft in die Burg Eltz ein. Agnes, aufgeschreckt vom Kampfgetümmel, legte hastig die prächtigste Rüstung ihrer Familie an und stürzte sich in den Kampf. Plötzlich durchbohrte ein Pfeil des Ritters die Rüstung von Agnes: Sie brach tot zusammen. Die Eltzer, wütend über den Tod ihrer Prinzessin und bestärkt von ihrem Mut, schlugen daraufhin die Braunsberger in die Flucht. Und der Geist der schönen Agnes wandelt noch heute nachts über den Burghof.

TIPPS & INFOS

ANREISE: Zum Parkplatz geht es aus Richtung Koblenz über die L113 von Hatzenport nach Münstermaifeld, aus Richtung Cochem über die L110 von Karden nach Münstermaifeld. Von hier aus dann weiter über Wierschem, einfach der Burg-Eltz-Straße folgen. Vom Parkplatz aus sind es noch etwa 15 Min. Fußweg.

SEHENSWERT: Waffenkammer, Schatzkammer, Jagdzimmer, Festsäle: Eine Burgführung macht die Reise durch 850 Jahre Geschichte auf Burg Eltz spannend und informativ. Es gibt auch Kinderführungen, die das Mittelalter lebendig werden lassen (www.burg-eltz.de/de/burg-eltz-die-attraktionen/burgfuehrung.html).

INFO: www.burg-eltz.de

Burg Katz liegt auf einem Hügel über dem Dorf Sankt Goar am Rhein.

102 KATZ UND MAUS

Burgenpaar über dem Rhein

Sie gehören zu den großen Sehenswürdigkeiten am Rhein nahe der Loreley und sind Teil der UNESCO-Welterbestätte Oberes Mittelrheintal: Burg Katz und Burg Maus. Ursprünglich hießen die Burgen gar nicht so, vielmehr gingen die Namen aus einer uralten Fehde hervor.

Burg Katz in St. Goarshausen war eigentlich bekannt als Burg Neu-Katzenelnbogen. Der Name war allerdings so lang, dass der Volksmund die markante Hangburg in Burg Katz umtaufte. Sie wurde zwischen 1360 und 1371 von den mächtigen Grafen von Katzenelnbogen erbaut und war mit der Burg Rheinfels auf der gegenüberliegenden Flussseite Teil eines engen Netzwerks, mit dem die Grafen Südwestdeutschland kontrollieren und Zoll einnehmen wollten.

Nebenan im Nachbarort Wellmich herrschte jedoch die Konkurrenz. Als Gegenpol zur Burg Rheinfels befand sich seit 1355 die Burg Peterseck bereits im Bau, und zwar auf Verantwortung des Erzbischofs Boemund II. von Trier. Das ließen sich die Grafen der von Katzenelnbogen nicht gefallen und begannen mit dem Bau an »Burg Katz«. Es waren die verfeindete Grafen sowie der Volksmund, die sich für die Burg Peterseck den Beinamen Maus ausdachten.

Burg Maus wurde nie zerstört. Napoleon war es, der Burg Katz Anfang des 19. Jahrhunderts sprengen ließ. Inzwischen ist sie wiederhergerichtet und befindet sich in Privatbesitz. Sie kann von außen besichtigt werden, für Burg Maus gibt es Führungen.

TIPPS & INFOS

AUSSICHT: Vom Drei-Burgen-Blick im Ort Patersberg hat man eine fantastische Aussicht auf die Burgen, die Loreley und den Rhein. Vom Bahnhof St. Goarshausen kann man hierher wandern (ca. 1,5 Std.; www.loreley-touristik.de/loreley-entdecken).

SPEZIALITÄT: Was wäre eine Reise an den Rhein ohne den Besuch eines Weingutes? Empfehlenswert ist die in sechster Generation geführte Loreley-Kellerei, Nastätter Str. 9 in St. Goarshausen, mit Vinothek und Shop (www.loreley-kellerei.de).

INFO: www.loreley-touristik.de

Unterhalb der gewaltigen Burg Kriebstein fließt die Zschopau durch ihr Tal.

103 BURG KRIEBSTEIN

Wo Frauen ihre Männer tragen

Wie ein mächtiges Bollwerk erhebt sie sich hoch über dem Fluss Zschopau: Die Burg Kriebstein ist eine der schönsten Ritterburgen unseres Landes. Allein 45 Meter hoch ragt der große Wohnturm in den Himmel.

Man sieht der Burg aus dem 14. Jahrhundert an, dass sie immer wieder erweitert wurde: Die Erkertürme stammen zum Beispiel aus dem Spätmittelalter und große Teile des Gebäudekomplexes aus dem 17. Jahrhundert; im 19. Jahrhundert wurde die Anlage im neugotischen Stil erweitert. Seit den 1930er-Jahren kann man die Burg besichtigen.

Eng verbunden ist die schöne Burg mit einer wahren Powerfrauen-Sage. Es war das Jahr 1415, Fastnacht, als Ritter Dietrich von Staupitz die Burg einnahm. Der damalige Markgraf Friedrich der Streitbare wollte sich dies nicht gefallen lassen und belagerte die Feste. Nach langer Zeit der Belagerung wurde es den Frauen auf der Burg zu bunt: Unter Führung der Ehefrau des Ritters von Staupitz suchten sie das Gespräch mit dem Markgrafen. Sie handelten aus, dass sie die Burg verlassen dürften, wenn sie das Kostbarste mitnehmen können, das sich in ihrem Besitz befand.

Der Markgraf stimmte zu. Doch er hatte nicht mit der List der Frauen gerechnet: Als sich am nächsten Morgen das Burgtor öffnete, trugen die Frauen ihre Männer auf ihren Rücken heraus. Der Sage nach war der Markgraf davon so gerührt, dass er den Männern das Leben schenkte.

TIPPS & INFOS

AKTIV: Felsen, Schluchten, grüne Täler: Im Tal der Zschopau kann man den Alltag hinter sich zu lassen. Ein Ziel für die ganze Familie ist die Talsperre Kriebstein bei Höfchen, etwa 3 km von der Burg entfernt. Hier kann man baden, segeln, wandern und Boot fahren (www.kriebsteintalsperre.de).

UNTERKUNFT: Wer eine besondere Übernachtungsmöglichkeit sucht, der ist genau richtig im Baumhaus-Hotel Kriebelland, An der Talsperre 1A in Kriebstein. Es gibt vier verschiedene Baumhäuser, die mit viel Liebe zum Detail gestaltet wurden (www.kriebelland.de).

INFO: www.burg-kriebstein.eu

104 DIE WEGELNBURG

Sagen im Dahner Felsenland

Das Dahner Felsenland liegt in der südwestlichen Pfalz an der Grenze zu Frankreich. Das Gebiet ist von Höhenzügen, bewaldeten Kuppen, grünen Tälern und zahlreichen Burgen geprägt. So ist es kein Wunder, dass aus dieser Gegend viele Sagen und Mythen stammen.

Absolut sehenswert ist die Wegelnburg südlich des Örtchens Nothweiler. Ihre Lage auf einem schmalen Berggrat ist besonders: Auf über 570 Metern Höhe hat man von hier aus einen fantastischen Rundumblick über das Biosphärenreservat Pfälzerwald-Nordvogesen. Es ist die höchstgelegene Burganlage der Pfalz. Unter der Ruine jedoch lebt laut Sage die schöne Prinzessin Hirlanda, gemeinsam mit einem unermesslichen Schatz. Beinahe schon hätte sie ein Hirtenjunge befreit – doch dann erkannte Hirlanda, dass er nicht an ihr, sondern nur an ihrem Gold interessiert war. So wartet sie laut der Erzählung bis heute auf einen Befreier, der einzig und allein an ihr selbst interessiert ist.

Einen Besuch wert ist auch die Burgruine Drachenfels, rund 15 Kilometer von der Wegelnburg entfernt, südlich des Ortes Busenberg. Die Felsenburg wurde aus Sandstein mit seiner typisch rötlichen Färbung errichtet. Sie stammt aus dem 13. Jahrhundert und wurde im Jahr 1523 zerstört. Da die Wegelnburg sowie Burg Drachenfels bis Mitte 2021 restauriert werden und nicht zugänglich sind, ist es ratsam, sich vor dem Besuch bei der Tourist-Info Dahner Felsenland zu informieren. Auf französischer Seite stehen die sehenswerten Ruinen der Burgen Löwenstein, Fleckenstein und Frönsburg.

TIPPS & INFOS

ANREISE: Die B10 führt von den Autobahnen 8 (ab Pirmasens) und 65 (ab Landau) nach Hinterweidenthal, hier auf die B427 Richtung Dahn abbiegen. Kurz hinter Dahn der L489 nach Bruchweiler-Bärenbach und Nothweiler folgen. Am Ortsende, Lembacher Straße, befindet sich der Wanderparkplatz. Der Weg zur Wegelnburg ist teils sehr steil.

AKTIV: Das Dahner Felsenland ist ein ideales Ziel für Wanderfreunde. Sagenhaft ist die etwa 10 km lange Vier-Burgen-Tour, die in Nothweiler beginnt und endet (www.dahner-felsenland.net/vg_dahner_felsenland).

INFO: www.dahner-felsenland.net

Burg Drachenfels am Rhein

105 BURG DRACHENFELS

Die Schöne und das Ungeheuer

Sie ist ein sagenhafter Ort von berückender Schönheit: die Burgruine Drachenfels aus dem 12. Jahrhundert bei Königswinter. Stolz ragen die Überreste des höchsten Turms auf dem bewaldeten Berg Drachenfels empor und überblicken den Rhein zur einen, das Siebengebirge zur anderen Seite. Diese Burg, mehr als 300 Meter hoch gelegen, war viele Jahrhunderte lang der Sitz der Familie von Drachenfels.

Laut Sage lebte hier einst ein furchterregender Drache, der die Menschen in der Gegend in Schrecken versetzte. Jeden Tag brachten sie ihm ein Menschenopfer, um ihn zu besänftigen. Eines Tages brach zwischen mehreren Gruppen Streit um eine entführte wunderschöne Frau aus. Um den Zwist zu beenden, wurde beschlossen, sie dem Drachen zu opfern.

Obwohl es schrecklich brüllte, stand die Frau mutig und ruhig vor dem Ungeheuer. Und kurz bevor der Drache sie verschlingen wollte, hob sie das Kreuz in die Höhe, das sie um den Hals trug. Der Drache schrie wütend, wich zurück, fiel rückwärts den Drachenfels hinunter, und sein Leib zerschmetterte in der Tiefe.

Eine wichtige Rolle spielte der Drachenfels beim Bau des Kölner Doms: Der Trachyt, ein vulkanisches Gestein, für den Bau der berühmten Kirche stammt von hier. Um ihn besser transportieren zu können, wurde im 13. Jahrhundert an der dem Rhein zugewandten Bergseite eine Steinrutsche angelegt. Am Fuß des Berges konnte der Stein leicht auf ein Schiff verladen und nach Köln transportiert werden. Die Trachyt-Steinbrüche nahmen bis Anfang des 19. Jahrhunderts ein solches Ausmaß an, dass der Burg die vollständige Zerstörung drohte. Daher wurde der Abbau des Gesteins verboten. Dennoch war der Berg schon so weit unterhöhlt, dass im 18. Jahrhundert ein Teil des Hauptturms, ein Teil der Kapelle und ein weiteres Gebäude den Hang hinabstürzten. Bis heute kommt es immer wieder zu größeren Felsabbrüchen, so zum Beispiel im Jahr 1967. In den 1970er-Jahren musste die Bergkuppe daher durch verschiedene Maßnahmen, unter anderem durch Stahlanker, gesichert werden.

Im 17. Jahrhundert brach ein Machtkampf über die Burg aus, und Teile der Anlage wurden dauerhaft abgetragen.

TIPPS & INFOS

ANREISE: Eine besondere Art der Anreise ist die Drachenfelsbahn, deren Talstation an der B42 in Königswinter liegt. Es stehen mehrere Parkplätze für Autos und Busse zur Verfügung. Deutschlands älteste Zahnradbahn überwindet auf 1,5 km 20 Prozent Steigung, Zwischenstopp ist an der Burgruine (www.drachenfelsbahn.de).

SEHENSWERT: Der Abstieg vom Drachenfels durch den Wald ist malerisch. Mit der ganzen Familie ist die Nibelungenhalle (Drachenfelsstr. 107) sehenswert, ein Kuppelbau mit Gemäldesammlung, eröffnet zum 100. Geburtstag von Richard Wagner. Nebenan liegen die Drachenhöhle und der Reptilienzoo (www.nibelungenhalle.de).

INFO: www.der-drachenfels.de

Aufgang zur Burg
Drachenfels

106 BURG HOHENZOLLERN

Burg Hohenzollern bei Bisingen (links). Ornamentkunst im Innenhof von Burg Hohenzollern (oben)

Eine Weiße Frau bringt Unglück

Wenn man sich ein Märchenschloss vorstellt, dürfte es wohl ungefähr so aussehen wie die Burg Hohenzollern bei Bisingen, 70 Kilometer südlich von Stuttgart. Auf über 850 Metern Höhe thront sie, die Stammburg des mächtigen Fürsten- und Königsgeschlechts der Hohenzollern.

Die ursprüngliche Burganlage auf dem gleichnamigen Berg geht vermutlich auf das 11. Jahrhundert zurück, die zweite Burg entstand im 15. Jahrhundert. Das Burgschloss in seiner heutigen Erscheinungsform entstand erst im späten 19. Jahrhundert im neugotischen Stil. Es präsentiert sich als eine der sehenswertesten Anlagen ihrer Art in Deutschland mit einmaliger Lage in der Schwäbischen Alb. Mit dem großen Burghof, dem Schlossgebäude, den Befestigungsanlagen und Kapellen, dem Burggarten und unzähligen Innenräumen gibt es für Besucher hier reichlich zu entdecken.

Das hochadelige Geschlecht der Hohenzollern wird jedoch von einem Fluch verfolgt, so eine Sage: Viele Todesfälle der Familie werden laut Erzählungen vom Erscheinen einer Weißen Frau begleitet. Sie soll in mehreren Schlössern der Familie erschienen sein, kurz bevor sich ein tragischer Tod ereignete. Über den wahren Kern dieser Sage gibt es zwar Vermutungen, aber keine Beweise. Ein Gemälde in der Bibliothek der Burg Hohenzollern verweist auf die rätselhafte Erscheinung.

TIPPS & INFOS

SEHENSWERT: Burghof, Schatzkammer, Kunstsammlung: Zu sehen gibt es viel. Übrigens auch im Winter: Der »Königliche Adventszauber« gilt als einer der schönsten Weihnachtsmärkte Deutschlands (Tickets müssen vorab gekauft werden). Wer auf Rollstuhl oder Kinderwagen angewiesen ist, wird gebeten, eine Woche vor dem Besuch die Burg-Information zu kontaktieren (www.burg-hohenzollern.com/wissenswertes.html).

AKTIV: Rund 15 km von der Burg entfernt, in Hechingen-Stein, liegt das Römische Freilichtmuseum, das die Zeit von vor über 2000 Jahren zum Leben erweckt. Hier gibt es mit der Villa rustica eine der bedeutendsten römischen Fundstätten der Gegend (www.villa-rustica.de).

INFO: www.burg-hohenzollern.com

Den Turm der Burg Liebenzell soll ein Ungeheuer erbaut haben.

107 BAD LIEBENZELL

Ein grausamer Riese jagt Menschen

Auf 450 Metern Höhe reckt sich die Burg Liebenzell über der gleichnamigen Stadt im westlichen Baden-Württemberg in die Höhe. Sie war einst eine der bedeutendsten Burgen des Schwarzwalds. Markant ist ihr viereckiger Turm, der sich von einem Bergsporn aus vor bewaldeten Hängen in die Höhe schraubt. Nachdem sie mehrmals zerstört wurde, baute man sie 1954 wieder auf.

Ihren Turm soll ein Ungeheuer errichtet haben, erzählt eine Sage, ein furchterregender Riese namens Erkinger. Von hier aus machte er Jagd auf Menschen, denn er war ein Menschenfresser. Mit seinen vier Meter Größe war niemand vor ihm sicher. Besonders gern verschlang er wohl junge Frauen, die frisch vermählt waren. Diese entführte er von der Hochzeitsfeier, schleppte sie zur Burg, verschlang sie dort und warf ihre Knochen zum Fenster hinaus, wo sie sich zu einem großen Haufen stapelten. Auf diesem Hügel soll das Dorf Beinberg entstanden sein.

Doch zum Glück stand auf der gegenüberliegenden Seite des Tals eine andere Burg: die des Ritters Merkinger. Immer wieder soll er es geschafft haben, in die Feste des Riesen einzudringen und die Frauen zu befreien. Er war es schließlich auch, der Erkinger besiegte, indem er ihn mit übermenschlicher Kraft an den Füßen packte und ebenfalls aus dem Fenster schleuderte.

TIPPS & INFOS

WELLNESS: Bad Liebenzell ist eine kleine, malerisch gelegene Kurstadt mit rund 10 000 Einwohnern im nördlichen Schwarzwald. Sie ist bekannt für Idylle, gute Luft und bestes Wasser. Fantastisch erholen kann man sich in der Paracelsus Therme mit Bäder- und Saunalandschaft (www.paracelsus-therme.de).

AKTIV: So grausam die Sage über den Riesen Erkinger, so schön ist der Wanderweg, der nach ihm benannt wurde. Der Weg beginnt und endet auf dem Bad Liebenzeller Marktplatz und hat eine Länge von knapp 7 km. Der Weg spürt der Sage des Riesen nach und ist für jeden geeignet, der einigermaßen gut zu Fuß ist (nicht barrierefrei; www.tourismus-bad-liebenzell.de/aktivitaeten/erkinger-weg).

INFO: www.tourismus-bad-liebenzell.de

Auch sehenswert:
die mittelalterliche Maueranlage
um Nördlingen im Donau-Ries

Rätselhaft: die Ofnethöhlen
im schwäbischen Donau-Ries

108 DIE OFNETHÖHLEN

Rätsel um Dutzende Schädel

Die Ofnethöhlen in Nördlingen im schwäbischen Landkreis Donau-Ries zählen zu den schönsten Geotopen Bayerns, sind aber gleichzeitig ein schauriger Fundort zahlreicher menschlicher Schädel. Es gibt die Große und die Kleine Ofnethöhle. Wofür der Name Ofnet genau steht, ist unklar.

1908 wurden die Höhlen schlagartig international berühmt, als man entdeckte, dass hier steinzeitliche Schädelbestattungen durchgeführt worden waren. Der Tübinger Forscher Robert Rudolf Schmidt untersuchte die Höhlen über mehrere Jahre. Er fand in der Großen Höhle zwei Lagerstätten, in denen über 30 menschliche Schädel lagen, 20 davon gehörten Kindern. Alle Schädel waren nach Westen ausgerichtet. Den weiblichen Schädeln war Schmuck beigelegt worden wie Schneckengehäuse und Hirschzähne.

Jüngste Untersuchungen ergaben, dass die Schädel etwa aus 7700 v. Chr. stammen. Da auch Halswirbel gefunden wurden, wird davon ausgegangen, dass die Schädel nach dem Tod der Menschen zunächst von den Körpern entfernt und dann in die Höhlen getragen wurden.

Was genau der Sinn dieser Stätte war, ist bis heute unklar. Manche Wissenschaftler sprechen von einem Massaker, andere von einer rituellen Opferung. Manche Schädel weisen Verletzungen auf, die nicht verheilt waren, doch es ist unklar, ob diese Verletzungen zum Tod der Menschen führten.

Beide Höhlen liegen auf über 500 Metern über Normalnull. Die Große Ofnethöhle ist 55 Meter lang. Ihr Eingang wurde aus Versehen vergrößert, als ein Archäologe eine Sprengung durchführte. Sie ist vier Meter hoch und sechs Meter breit. Die Eingangshalle ist rund neun Meter hoch. Von hier führen mehrere Gänge wieder ans Tageslicht. Die deutlich kleinere Höhle liegt nur wenige Meter oberhalb davon; sie besitzt nur einen länglicheren Raum.

Von hier aus hat man eine spektakuläre Fernsicht, denn beide Höhlen liegen am in Richtung Südwesten abfallenden Hang des Riegelbergs. Die Lage ermöglicht einen tollen Blick über den sogenannten Rieskessel.

Funde weisen darauf hin, dass die Höhlen schon in der Altsteinzeit vor rund 300 000 Jahren bewohnt wurden.

TIPPS & INFOS

ANREISE: Die Ofnethöhlen sind per Auto leicht zu erreichen: von Nördlingen aus über die B466 über Holheim; 2 km hinter Holheim weist das Schild »Ofnethöhlen« rechts ins Tal. Nach ca. 700 m folgt ein Parkplatz beim ehemaligen römischen Gutshof, dann noch ca. 10 Min. zu Fuß (leichter Anstieg).

SEHENSWERT: Vor rund 15 Mio. Jahren kollidierte ein 1 km großer Asteroid mit der Erde und schuf das Nördlinger Ries, einen 25 km großen Krater. Hier trainierten schon Astronauten der »Apollo«-Mission! Davon erzählt spannend das naturwissenschaftliche RiesKraterMuseum, Eugene-Shoemaker-Platz 1 in Nördlingen (www.rieskrater-museum.de).

INFO: www.ferienland-donau-ries.de/sehenswertes/ofnethoehlen-519

Wunderschön und geheimnisvoll: die Teufelshöhle in der Fränkischen Schweiz

109 DIE TEUFELSHÖHLE

Wie das Tor zur Unterwelt

Wer hierher kommt, wird einen Anblick nicht so schnell wieder vergessen: den eines großen Skeletts, das vor Urzeiten einem Höhlenbären gehörte. Die Teufelshöhle in der wunderschönen Fränkischen Schweiz ist eine der aufregendsten Höhlen Deutschlands. Diese Tropfsteinhöhle ist die größte ihrer Art in der Region und gilt wegen ihrer unzähligen Stalagmiten und Stalaktiten als besonders sehenswert.

Wenig wundert es, dass die Höhle den Menschen früher wie der Vorhof zur Hölle vorkam. Das mächtige Eingangsportal (25 m breit, 14 m hoch) liegt auf 400 Metern über Normalnull und wurde früher das »Tor zur Unterwelt« genannt. Es ist eines der größten Eingänge einer Höhle in Deutschland. Den Menschen war es schon lange bekannt, nur wusste man nicht, dass sich dahinter eine große Höhle befand. Der Weg endete früher nach rund 80 Metern im »Teufelsloch«.

Es war der Geologe und Bergbauingenieur Hans Brand, der im Jahr 1922 die rund neun Meter dicke Felswand, die sich durch einen Sturz gebildet hatte, durchbrach und somit die insgesamt drei Kilometer lange Höhle erschloss. Die Teufelshöhle besteht aus mehreren beeindruckenden, großen Hallen, die durch Gänge miteinander verbunden sind. Bei einer Führung (Dauer: ca. 45 Minuten) kann man etwa 800 Meter des beeindruckenden Felsensystems sehen.

TIPPS & INFOS

ANREISE: Die Teufelshöhle liegt rund 2 km südlich der Stadt Pottenstein an der B470. Per Auto: Über die A9 aus Richtung Berlin-Nürnberg oder über die A73 von Nürnberg-Bamberg auf die B470 Richtung Pottenstein; der Parkplatz der Höhle liegt an der B470. Per Bahn: Vom Bahnhof Pegnitz aus fährt der Bus 389 in 15 Min. bis zur Höhle.

WELLNESS: In einem Seitenstollen der Höhle ist ein einzigartiges Angebot untergebracht für sogenannte Speläotherapie, also heilsame Atemkuren. Die Höhle ist Mitglied im Deutschen Heilstollenverband. Urlaubsgäste können Schnupperkuren buchen (www.pottenstein.de/heilstollen).

INFO: www.pottenstein.de/startseite-teufelshoehle

Unterhalb von Burg Teck lebte einst die weise Frau Sibylle in einer Höhle.

110 DAS SIBYLLENLOCH

Wo einst eine weise Frau lebte

Sie besticht durch ihre einmalig schöne Lage: Als sogenannte Gipfelburg steht Burg Teck auf fast 800 Metern Höhe an der Klippe auf dem Teckberg. Um das Jahr 1100 errichtet, ist von der Burg heute nur noch eine Ruine übrig. Im 19. Jahrhundert wurde ein hoher Aussichtsturm errichtet, später folgten eine Veranstaltungshalle sowie weitere, moderne Gebäude.
Unterhalb des Turms, in der Felswand, liegt das Sibyllenloch, eine Höhle mit besonderer Geschichte. Vor dem Tor der Burg biegt rechts ein schmaler Pfad zum Höhleneingang ab. Laut Sage lebte in einem Schloss am Grund der Höhle einst eine weise Frau. Sie konnte in die Zukunft sehen und gab daher Menschen, die Rat suchten, kluge Antworten. Mit den Jahren häufte sie Gold und viele Schätze an, doch sie behielt davon wenig für sich, sondern bedachte die Bedürftigen.
Die drei Söhne der weisen Frau aber waren gierig. Sie bauten sich Burgen, von denen aus sie auf Raubzüge gingen und ihre Mitmenschen drangsalierten. Frau Sibylle schämte sich ihrer Söhne. Also zog sie eines Abends schweren Herzens davon und fuhr auf einem brennenden Wagen, gezogen von zwei Wildkatzen, durch die Lüfte von dannen. Dort, wo ihr Wagen den Boden berührte, wuchs das Getreide üppig: das letzte Geschenk der gutherzigen Frau Sibylle.

TIPPS & INFOS

ANREISE: Die Anfahrt erfolgt über Owen südlich von Kirchheim unter Teck. Von der Hauptstraße aus führt ein ausgeschildeter Weg nach links in die Steigstraße – ihr folgen bis zu einem der Wanderparkplätze. Der Anstieg zur Burg ist teilweise steil. Weniger steil und auch geeignet für Kinderwagen ist der Weg vom Parkplatz am Hörnle aus.
AKTIV: Die Gegend rund um Burg Teck ist mit ihren schönen Aussichtspunkten perfekt für Wanderfreunde. Die Kirchheimer Wandertour 8 führt auf 12 km an den Burgruinen der Sage vorbei; Start und Ziel ist Bissingen (www.schwaebische-alb.de/touren).
INFO: www.schwaebischealb.de/attraktionen/burg-teck

Verwunschenes Gemündener Maar in der Vulkaneifel

111 VULKANEIFEL

Eine Landschaft, aus Feuer geboren

Wer in die Vulkaneifel zwischen Koblenz und der belgischen Grenze kommt, dem fällt es nicht schwer, an die vielen lokalen Sagen zu glauben, die man sich hier erzählt. Diese mystisch wirkende Gegend ist geprägt durch zahlreiche Maare, die vor mehreren Zehntausend Jahren durch vulkanische Aktivität entstanden sind. Ein Maar bezeichnet einen Trichter in einem Berg, der durch den Ausbruch eines Vulkans entstanden ist.

Zentral in der Vulkaneifel liegt die Stadt Daun und zwei Kilometer südlich davon das Weinfelder Maar. Mit beinahe 500 Metern über Normalnull ist es das höchstgelegene der drei sogenannten Dauner Maare. Es hat einen Durchmesser von rund 400 Metern und ist über 50 Meter tief. Im Volksmund wird es auch Totenmaar genannt.

An seiner Stelle, erzählt eine Sage, stand einst ein Schloss. Hier lebte ein Graf mit seiner Frau und deren einzigem Kind. So gutherzig der Graf war, so gefühllos soll seine Gemahlin gewesen sein. Eines Tages ritt der Graf zur Jagd aus. Als er zurückkehrte, war das Schloss verschwunden. Weil die Frau so grausam war, hatte sich an dessen Stelle das Totenmaar gebildet und alle Bewohner verschlungen. Doch plötzlich tat sich das Wasser auf, und eine Wiege kam hervor, in der das Kind des Grafen wohlbehalten lag. Aus Dankbarkeit baute der Graf eine Kapelle, die bis heute erhalten ist.

TIPPS & INFOS

AKTIV: Wandern, reiten, Rad fahren, schwimmen: Die Vulkaneifel ist perfekt geeignet für den aktiven Urlaub in wunderschöner Landschaft. An warmen Tagen laden Gemündener, Schalkenmehrener und Pulvermaar zum Baden im glasklaren Wasser ein. Einen guten Überblick gibt es hier: www.gesundland-vulkaneifel.de.

SEHENSWERT: Die Vulkaneifel ist so einzigartig, dass die UNESCO der Gegend einen besonderen Schutzstatus verliehen hat. Zahlreiche Museen erklären spannend und familienfreundlich, wie Vulkanismus die Landschaft prägte. So lädt das Vulkanhaus, Hauptstraße 38 in Strohn, zur interaktiven Zeitreise (www.vulkanhaus-strohn.de).

INFO: www.eifel.info/a-weinfelder-maar

Die Barbarine gilt als Wahrzeichen der Sächsischen Schweiz.

112 DIE BARBARINE

Die Sage von der Steinernen Jungfrau

Sie ist der bekannteste Fels des deutschen Teils des berühmten Elbsandsteingebirges: die Steinerne Jungfrau, die heute eher unter dem Namen Barbarine bekannt ist. Der Fels, der vereinzelt am Pfaffenstein beinahe 43 Meter in die Höhe ragt, gilt als das Wahrzeichen der Sächsischen Schweiz. Die Barbarine gehört zum Ort Pfaffendorf bei Königstein.

Es ist kein Wunder, dass sich bei diesem besonderen Anblick eine Sage um die Felsnadel gebildet hat. Die Barbarine, erzählt man sich, ist eigentlich eine Jungfrau, die zu Stein verwandelt wurde. Es soll sich um ein Mädchen aus dem nahen Pfaffendorf gehandelt haben, das nicht auf seine Mutter hörte. Anstatt mit ihr an einem Sonntag in die Kirche zu gehen, stahl es sich davon, um am Pfaffenstein Heidelbeeren zu sammeln. Als die Mutter es dort fand, wurde sie so zornig, dass sie ihr eigenes Kind in eine Steinsäule ohne Arme und Beine verwandelte. Der Sage nach sollen so alle Kinder davor gewarnt werden, gegenüber ihren Eltern ungehorsam zu sein. In einer anderen Version der Sage war die Mutter eine Hexe, und das Mädchen traf heimlich seinen Geliebten.

Im Jahr 1905 wurde der Fels erstmals von Bergsteigern erklommen. In den 1970er-Jahren ist der Felsen dann für den Klettersport gesperrt und zum Naturdenkmal erklärt worden, um seine Einzigartigkeit zu schützen. Durch Blitzeinschläge und Erosion waren die Felsnadel und vor allem der Gipfelkopf starkem Zerfall ausgesetzt.

TIPPS & INFOS

ANREISE: Zur Barbarine gelangt man naturgemäß nur zu Fuß. Am besten parkt man in der Nähe des Felsplateaus Pfaffenstein im Ort Pfaffendorf. Der Aufstieg zum Pfaffenstein vom Parkplatz aus dauert ca. 15–30 Min., je nachdem, welchen Schwierigkeitsgrad man wählt. Von hier aus sind es nur noch ca. 500 m bis zur Barberine (roten Schildern folgen).

UNTERKUNFT: Dieses Dorf ist etwas ganz Besonderes: Das kleine Schmilka 15 km östlich des Pfaffensteins ist ein Ort, der komplett auf Bio umgestellt hat. In den süßen Fachwerkhäusern gibt es zahlreiche schöne Ferienwohnungen und geschmackvolle Hotels (www.schmilka.de/home).

INFO: www.saechsische-schweiz.de/region/pfaffenstein.html

Weit schweift der Blick von der Zugspitze über die Gipfel der Alpen.

113 DIE ZUGSPITZE

Wo die Berggeister hausen

Höher geht es nicht: Knapp drei Kilometer ragt die Zugspitze in den Himmel hinauf. Von Deutschlands höchstem Gipfel hat man an einem klaren Tag einen fantastischen Panoramablick über mehrere Hundert Berggipfel in Deutschland, der Schweiz, Italien und Österreich. Der schönste Aussichtspunkt liegt am fast fünf Meter hohen Gipfelkreuz: Hier bilden sich regelmäßig Warteschlangen fürs schönste Foto. Kein Wunder, denn der höchste Punkt des Landes glänzt mit Superlativen wie Deutschlands höchstgelegener Gaststätte, in der es gutbürgerliche Küche gibt, und der höchstgelegenen Kirche. Im Ski- und Servicezentrum ist außerdem ein Standesamt eingerichtet worden: heiraten hoch über den Wolken. In der Kapelle Maria Heimsuchung kann man sich dann auch noch kirchlich trauen lassen. Die Zugspitze lockt zudem mit mehreren Skipisten.

Obwohl die Region um die Zugspitze den Menschen schon lange bekannt war, erfolgte die erste offiziell verbriefte Besteigung erst im Jahr 1820. Bis dahin hatte man sich viele schreckliche Geschichten über angebliche Berggeister erzählt, die am Gipfel hausen und scheußliche Geräusche von sich geben würden. Der Berg galt daher auch lange als nicht besteigbar. Was nicht wundert: Der Wind pfeift hier mit bis zu 200 km / h um den Gipfel. Sein Name stammt angeblich von den abgehenden Lawinen an seinen Hängen, sogenannten Lawinenzügen.

TIPPS & INFOS

ANREISE: Fitte Wanderer benötigen für den Weg auf die Zugspitze 6–8 Stunden. Einfacher geht es mit einer Bahnfahrt hoch aufs Zugspitzplatt, zum Beispiel mit der Zahnrad-Zugspitzbahn von Garmisch oder mit der Zugspitz-Seilbahn vom Eibsee aus (www.zugspitze.de/de/Preise/Tarife).

UNTERKUNFT: Rund um die Zugspitze gibt es mehrere Berghütten für Übernachtungs- und Tagesgäste, etwa die Knorrhütte am Zugspitzplatt, die Wiener-Neustädter-Hütte oder das Münchner Haus. Je nach Witterung sind sie von Mai bis Oktober geöffnet (www.alpenverein-muenchen-oberland.de). Etwas Besonderes ist das Iglu-Dorf (www.iglu-dorf.com/de/standort/zugspitze).

INFO: www.zugspitze.de

Magische Stimmung: am Gipfelkreuz der Benediktenwand

114 DIE BENEDIKTENWAND

Hier warten unermessliche Schätze

Sie ist eines der Wahrzeichen des Bayerischen Voralpenlands: die Benediktenwand im Süden des Freistaats zwischen Kochel am See und Lenggries. Mehr als 1800 Meter über Normalnull türmt sich der Bergrücken empor und wirkt zu jeder Jahreszeit wie ein Postkartenmotiv. Den Namen bekam der Bergrücken durch das nahe Kloster Benediktbeuern, eine Abtei der Benediktiner.

Laut einer Sage sollen sich unter dem Bergrücken Schätze von unermesslichem Wert befinden. Die Benediktenwand, heißt es darin, ruhe auf vier goldenen Säulen und verberge die Schätze in ihrem Innersten. Einst verirrte sich ein Junge aus einem nahen Dorf in dieser Gegend. Durch Zufall fand er einen Brunnen tief im Gestein, aus dem pures Gold sprudelte.

Von der nur wenige Kilometer entfernt liegenden Probstenwand, einem rund 1590 Meter hohen Berggipfel, erzählt man sich ähnliche Geschichten: In einem Loch in der Wand sehe man ein goldenes Funkeln, heißt es, und Menschen kämen von weither, um sich auf die Suche nach dem Goldschatz zu machen.

Wer auf die Benediktenwand wandern will, benötigt Trittsicherheit und sollte schwindelfrei sein. Eine schöne Tour startet in Gschwendt, einem Ortsteil von Benediktbeuern: Der Weg bis zur Tutzinger Hütte am Lainbach entlang dauert nur rund 30 Minuten und ist für Kinder geeignet. Der Aufstieg zur Benediktenwand dauert etwa vier Stunden.

TIPPS & INFOS

EINKEHR: Wer auf Kletterei keine Lust hat, kann einfach den spektakulären Blick auf die Benediktenwand von der Tutzinger Hütte aus genießen. Hier gibt es beste bayerische Küche und Tiroler Spezialitäten in gemütlichem Ambiente sowie 16 Zimmer (www.tutzinger-huette.de).

SEHENSWERT: Das Kloster Benediktbeuern im gleichnamigen Ort ist ein wunderschönes Ausflugsziel, das eine ruhige Atmosphäre ausstrahlt. Führungen zeigen die sehenswerte Anlage, es gibt Konzerte, und das Klosterbräustüberl lädt zum Verweilen ein (www.kloster-benediktbeuern.de).

INFO: www.alpenverein-muenchen-oberland.de

Schicksalsträchtig: die Gipfel des Watzmannstocks

»DIE ›FRAU‹ HEIẞT EIGENTLICH KLEINER WATZMANN UND IST RUND 400 METER NIEDRIGER ALS DER GROẞE GIPFEL.«

115 DER WATZMANN

Das Ende eines grausamen Königs

Obwohl nicht der höchste Gipfel Deutschlands, ist er doch königlich: Über 2700 Meter reckt sich der Watzmann in den Berchtesgadener Alpen in die Höhe. Der Berg hat eine derart charakteristische Form, dass nicht nur der spitze, leicht zur Seite geneigte Watz»mann« einen Namen bekommen hat, sondern auch die übrigen Gipfel des Massivs: Von Norden aus gesehen neigt sich linkerhand die »Frau« dem Watzmann zu, in der Mitte zwischen ihnen recken die fünf »Kinder« ihre Köpfe empor.

Obwohl der Watzmann »nur« der dritthöchste Gipfel des Landes ist, fand er mit seinem einmaligen Aussehen Eingang in Lieder, Gedichte, Bücher. Auch war er immer wieder Motiv dramatischer Landschaftsgemälde von Caspar David Friedrich und anderen Malern.

Es verwundert nicht, dass sich um einen so oft gemalten und fotografierten Gipfel eine große Sage spinnt. Einst, so heißt es darin, wurde das Land von einem grausamen König beherrscht. Zusammen mit seiner Frau und seinen Kindern verbreitete König Watzmann Schrecken in seinem Reich, und die Untertanen zitterten vor Angst, wenn er mit seinen wilden Hunden aufgeschrecktem Wild nachjagte und dabei Felder und Häuser zerstörte.

Doch eines Tages ging der furchtbare Herrscher zu weit: Während einer Jagd traf er auf einer idyllischen Lichtung einen Hirten und seine Familie. Als einer der blutrünstigen Hunde den Hütehund des Hirten tötete, erschlug der Bauer das Tier. Da dieses jedoch der Liebling des Watzmanns war, hetzte der König seine Meute auf die Familie. Die Hunde ließen nicht nach, bis alle tot waren. Der grausame König lachte nur. Da erzitterte plötzlich der Boden, und ein schrecklicher Wind erhob sich. Er machte die Hunde des Königs so wild, dass sie sich gegen ihren Herren richteten: Sie zerfleischten den König und töteten auch seine Kinder und seine Frau. Gestorben durch Grausamkeit und Rache, erstarrten die Körper der Familie zu Stein. Ihr Blut, erzählt die Sage weiter, floss in so großen Strömen, dass der nahe Königssee sowie der Obersee daraus entstanden.

TIPPS & INFOS

AKTIV: Wer den Watzmann besteigen möchte, muss ein erfahrener Bergsteiger sein. Ein leichteres Ziel mit fantastischer Aussicht ist das Watzmannhaus auf 1930 m mit Gastronomie und Mehrbettzimmern. Starten kann man zum Beispiel am Parkplatz, Rotheben 14, in Ramsau aus (www.alpenverein-muenchen-oberland.de).

SEHENSWERT: Der smaragdgrüne Königssee kann wegen seiner Lage zwischen den ihn umgebenden Felsmassiven nur per Schiff besichtigt werden. Zu sehen gibt es dabei eine malerische Kapelle und die Bergsilhouetten, eine Gaststätte lockt mit guter Küche. Start ist ab dem Parkplatz in Schönau (www.koenigssee.de).

INFO: www.berchtesgaden.de/berge-gipfel/watzmann/die-watzmann-sage

Unterhalb der mächtigen Watzmann-Ostwand liegt am Ufer des Königssees die weltberühmte Wallfahrtskirche St. Bartholomä.

KRIMILAND DEUTSCHLAND

Verbrecherische Orte – zumindest auf Papier

Deutschland ist Krimi-Land. Vor allem Krimis in Buchform erfreuen sich stetig wachsender Beliebtheit. Egal ob ein reales Verbrechen geschildert oder von einem fiktiven Mord erzählt wird, ob ein junges Genie oder ein Rentner ermittelt, und egal ob im pulsierenden Berlin oder in einem bayerischen Dorf: Nichts fesselt uns so sehr wie die Frage, wer der Mörder war. Hier eine kleine Auswahl nach Himmelsrichtungen:

Der Norden: Ermittlungen in Ostfriesland

Klaus-Peter Wolf hat als geborener Gelsenkirchener eigentlich wenig mit dem platten Ostfriesland zu tun. Dennoch erreicht er mit seiner Reihe um Ermittlerin Ann Kathrin Klaasen ein riesiges Publikum: Seine Bücher wurden bislang in 24 Sprachen übersetzt und über zehn Millionen Mal verkauft. Regelmäßig landen seine Titel wie »Ostfriesenfluch« auf den Bestsellerlisten. Geholfen hat ihm sicherlich, dass er bereits zahlreiche Drehbücher für TV-Krimis geschrieben hat. Seit 2017 verfilmt das ZDF die Titel in der Reihe »Ostfrieslandkrimis«. Gedreht wird dabei oft an Originalschauplätzen, zum Beispiel in Aurich, auf Norderney oder im Watt. Bislang wurden fünf Bände verfilmt, für Nachschub ist gesorgt: Von Ann Kathrin Klaasens Fällen sind schon 16 Bände erschienen.

Düsteres Ostfriesland: Auch im hohen Norden wird gern mal gemordet.

Der Osten: Harte Fälle in Berlin und Brandenburg

Max Bentow ist eigentlich Schauspieler, seit 2011 aber vor allem für seine Krimis und Psychothriller bekannt. Erfolgreich ist seine Reihe um Ermittler Nils Trojan, die in Berlin und Brandenburg spielt. Selbst in Berlin geboren, kennt Bentow die Schauplätze, über die er schreibt, besonders gut. Mittlerweile sind acht Bände der Reihe erscheinen, allesamt Bestseller.

Trojan ist Hauptkommissar bei der Berliner Mordkommission und hat die schwierige Aufgabe, tief in die Psyche der Mörder einzudringen. Bei seinen Ermittlungen kann man dem Kommissar direkt folgen, denn Bentow beschreibt die Straßen, Cafés und Geschäfte äußerst anschaulich. Viele Schauplätze liegen in Kreuzberg und Neukölln.

Der Westen: Morde in der Eifel

Jacques Berndorf heißt eigentlich Michael Preute und ist in Duisburg aufgewachsen. Berühmt geworden ist vor allem seine Krimi-Reihe, die in der Eifel spielt. Der gelernte Journalist veröffentlichte seinen ersten Krimi aus der Eifelregion im Jahr 1989. Wenige Jahre zuvor war er selbst in die Region gezogen, daher werden viele ihrer Eigenarten lebensnah beschrieben. Der Romanheld Siggi Baumeister lebt in der Gemeinde Dreis-Brück in der Vulkaneifel. Baumeister ist Journalist und gerät mit seiner ausgeprägten Neugier immer wieder in spektakuläre Kriminalfälle.

Inzwischen haben die Eifel-Krimis eine Auflage von über sechs Millionen Exemplaren erreicht. Der Titel »Eifel-Schnee« wurde vom ZDF verfilmt. Mittlerweile sind über 20 Bände erschienen.

Der Süden: Bayerischer Charme durch und durch

Sie ist eine Bayerin mit Leib und Seele: Rita Falk, geboren in Oberammergau im Landkreis Garmisch-Partenkirchen, hat ihr Leben hauptsächlich im Freistaat verbracht, davon viele Jahre in München. Beinahe wie eine Frage der Ehre erscheint es da, dass Falk eine der authentischsten Provinzkrimi-Reihen der Gegenwart erschuf – mit g'scheiter bayerischer Färbung, versteht sich.

Der 2010 veröffentlichte Roman »Winterkartoffelknödel« wurde schnell zum Bestseller. Im Mittelpunkt steht Dorfpolizist Franz Eberhofer, der im fiktiven Ort Niederkaltenkirchen ermittelt.

Inzwischen sind zehn Bände erschienen, sieben wurden bislang verfilmt. Laut der Autorin kommt der Markt Frontenhausen im Landkreis Dingolfing-Landau dem fiktiven Niederkaltenkirchen am nächsten. Hier wurde für die Verfilmungen gedreht, ein Verkehrskreisel ist nach Franz Eberhofer benannt.

Ob in Berlin oder der Eifel: Spektakuläre Fälle warten auf die literarischen Ermittler.

Unterhalb der Zugspitze geht's im Werdenfelser Land mörderisch zu.

REGISTER

IMPRESSUM

Verantwortlich: Carola Holzer
Redaktion: Anette Späth
Layout: Buch&media GmbH, München
Umschlaggestaltung: Alexander Knoll
Repro: LUDWIG:media
Kartografie: Huber Kartographie
Herstellung: Alexander Knoll
Printed in Slovenia by Florjancic

★★★★★

Sind Sie mit diesem Titel zufrieden? Dann würden wir uns über ihre Weiterempfehlung freuen.
Erzählen Sie es im Freundeskreis, berichten Sie Ihrem Buchhändler, oder bewerten Sie bei Onlinekauf.
Und wenn Sie Kritik, Korrekturen, Aktualisierungen haben, freuen wir uns über Ihre Nachricht an Bruckmann Verlag, Postfach 40 02 09, D-80702 München oder per E-Mail an lektorat@verlagshaus.de

Unser komplettes Programm finden Sie unter: www.bruckmann.de

In diesem Buch wird aus Gründen der besseren Lesbarkeit das generische Maskulinum verwendet. Weibliche und anderweitige Geschlechteridentitäten werden dabei ausdrücklich mitgemeint, soweit es für die Aussage erforderlich ist.

Empfehlung der Redaktion
Sie sind auf der Suche nach weiterführender Literatur? Dann empfehlen wir Ihnen den Titel »Lost & Dark Places Franken« aus der gleichnamigen Reihe »Lost & Dark Places«.

2. Auflage 2022

Infanteriestraße 11a
80797 München

ISBN 978-3-7343-2336-2

BILDNACHWEIS

Look: S. 3 (Hauke Dressler); 10/11, 14/15, 16 (Martin Siering); 17 (Jalag/Schiffer, Maria); 19 (Thomas Grundner); 20u., 20/21o. (Rötting, Thomas); 122, 159, 161 (Strauß, Andreas); 22, 30, 36, 37, 46, 47, 49o., 100, 119, 135, 139, 149, 151, 156 (Wohner, Heinz); 24, 108 (Bathke, Olaf); 25, 70/71, 82, 102u. (Zielske, H.& D.); 26 (Aumiller, Sonia); 33o., 99, 163, 165o. (age fotostock); 38, 75 (Johaentges, Karl); S. 48/49, 146 (Daniel Schoenen Fotografie); 52/53o. (Wernicke, Lukas); 53 (Johaentges, Karl); 56 (Wothe, Konrad); 57 (Pompe, Ingolf); 60 (ClickAlps); 69 (Rier, Helmuth); 71 (Kislichko, Nikolay); 73 (Meinhardt, Olaf); 79, 109 (Jalag/Hänel, Gerald); 86 (Foto Herzig); 86/87 (Jalag/Bossemeyer, Klaus); 90u. (Endler, Heinz); 90/91o. (Bäck, Christian); 91 (Jalag/Beckhäuser, Marion); 92/93o., 118, 155 (Bayerl, Günther); 107, 165u. (Olesinski, Christoph); 110 (Mueringer, Christian); 112/113 (Ellerhorst, Axel); 117 (Ralf Greiner Fotografie); 123 (Stankiewicz, Thomas); 143 (Eiben, Hans Georg); 144 (Jalag/Schmitz, Walter); 150 (Jalag/Börner, Jacob); 164/165 (fstop);
Shutterstock: S. 2/3o. (ESB Professional); 2u. (TheUrbanwinner); 12/13 (Tanja Midgardson); 18 (T. Richter); 23 (konradkerker); 27 (Grischa Georgiew); 28, 131u., 137 (Sina Ettmer Photography); 30, 131l.o. (May_Lana); 31 (imageBROKER.com); 32u. (Ina Meer Sommer); 32/33o. (Daniela Baumann); 34 (been.there.recently); 35 (fongbeerredhot); 39 (wewi-photography); 40 (Fer Gregory); 42 (Freedom_wanted); 42/43o. (wernimages); 44 (Cornelia Scheidt); 45 (Jan Wehnert); 48u. (Esther Pueyo); 50 (MaryShutterstock); 51 (StGrafix); 53u. (Jana Krizova); 54 (endlesssea2011); 58 (Andreas Vogel); 59 (Stefan.S.Meyer); 61 (Triff); 62o. (Dave Z); 62/63 (Adriana Iacob); 64 (Shanti Hesse); 65 (TTstudio); 66 (Tony Castellano); 67 (Takako Picture Lab); 68 (Heide Pinkall); 72 (GRACIELLADEMONNE); 74u. (Fabian Junge); 74/75o. (Tsugu-liev); 76 (Claudia Longo); 76/77 (karlibri); 78 (Lars Bendels); 80 (Vladimir Mulder); 81 (kristof lauwers); 83 (Kimtuy); 84 (Walter-Weiss); 85 (Intrepix); 88 (Juan Aunion); 89 (Scarabea); 93o. (penphoto); 93l.u. (Jo Chambers); 93r.u. (foto-select); 94, 104 (Leinemeister); 96 (Frederick Doerschem); 97 (Stockimo); 98 (K I Photography); 101 (ohenze); 102/103o. (rphstock); 103 (suehling); 105 (Krasowit); 106 (R4K); 111 (Anke Scheibe); 112u., 113o. (Harald Lueder); 114 (Marrow83); 115 (Halawi); 116 (Lightboxx); 120 (Lukasz Stefanski); 121 (Andrew Mayovskyy); 124 (Karls-Fotografien); 125 (Andrii Zabolotnyi); 126 (visual-journey); 126/127 (Thomas Reicher); 128 (mona wide); 129 (FooTToo); 131r.o. (Rolf G Wackenberg); 132 (larskuse); 134 (Nico Schmedemann); 136 (Touch the Color); 140 (geogif); 141 (Joppi); 142u. (Olena Kozachuk); 142/143o. (dugdax); 145 (Votimedia); 147 (Bob Pool); 148 (Philipp Schunke); 152l. (IoanRoman); 152/153 (SF photo); 153r. (Vincent Vroom); 154 (Hacki Hackisan); 157 (Simon Dux Media); 158 (art4stock); 160 (YouraPechkin); 162 (Landscape Nature Photo);
Weitere: S. 41 (picture alliance /ZB/euroluftbild.de/Robert Grahn); 138 (mauritius/Frank Wiesen).